前 言

　　语言是人类沟通信息、交流思想最直接的工具,是人们交流、交往的桥梁。随着中国的发展,近些年来世界上学习汉语的人越来越多,很多国家从小学、中学就开始了汉语教学。为了配合这一趋势,满足世界上中小学汉语教学对教材的需求,中国国家对外汉语教学领导小组办公室(以下简称中国国家汉办)立项并委托我们为母语为英语的中学生编写了系列汉语教材《快乐汉语》。

　　教材编写过程中,中国国家汉办与英国文化委员会(简称BC)密切合作,由BC组织在英国部分中学试用了该教材,并向有关专家征求了意见。现中国国家汉办已经授权BC在英国本土出版该教材,定名为 Chinese for GCSE。

　　《快乐汉语》全套教材共9本,分为三个等级,每个等级有学生用书和配套的教师用书、练习册,另外还配有词语卡片、挂图、CD、CD-ROM 等。该教材从设计、编写到制作出版,每一方面都力图做到符合11—16岁这个阶段学生的心理特点和学习需求,符合有关国家教学大纲的规定。教材重点培养学生在自然环境中学习汉语的兴趣和汉语交际能力,同时能够为以后继续学习和提高打下坚实的基础。

　　我们希望这套教材使每一个想学习汉语的学生都会对汉语产生浓厚的兴趣,使每一个已经开始学习汉语的学生感到,汉语并不难学,学习汉语实际上是一种轻松愉快的活动和经历,并真正让每个学生在快乐的学习中提高自己的汉语能力,掌握通往中国文化宝库的金钥匙。我们也希望广大教师都愿意使用这套教材,并与中国同行建立起密切的联系。

　　最后,我们祝愿所有学习汉语的学生都取得成功!

编　者

2003 年 7 月 14 日

快乐汉语 ②

KUAILEHANYU

编 者　李晓琪　罗青松　刘晓雨
　　　　王淑红　宣　雅

人民教育出版社

教材项目规划小组

严美华　　姜明宝　　张少春
岑建君　　崔邦焱　　宋秋玲
赵国成　　宋永波　　郭　鹏

快乐汉语

第二册

李晓琪　罗青松　刘晓雨　王淑红　宣　雅　编著

*

人民教育出版社出版发行

网址：http://www.pep.com.cn

北京人卫印刷厂印装　　全国新华书店经销

*

开本：890 毫米×1 240 毫米　1/16　印张：9.5
2003 年 10 月第 1 版　2010 年 4 月第 10 次印刷
印数：56 501～81 500
ISBN 978－7－107－17127－7
G·10217（课）　　定价：50.00 元

如发现印、装质量问题，影响阅读，请与本社出版科联系调换。
（联系地址：北京市海淀区中关村南大街 17 号院 1 号楼　邮编：100081）

Printed in the People's Republic of China

Foreword

Language is the most direct way for mankind to communicate information and exchange ideas, and it serves as a bridge between different people and cultures. Chinese language, along with the rapid development of China's economy, is becoming increasingly popular in the world. Chinese language courses are offered as early as primary school or junior middle school in many countries. To meet the needs for Chinese textbooks suitable for primary and junior middle school students, a project was founded by the National Office for Teaching Chinese as a Foreign Language(NOCFL) of China and we were entrusted with the work of compiling *KUAILE HANYU*, a series of Chinese textbooks for junior middle school students of English speaking countries.

In the process of compiling, NOCFL acted in close coordination with the British Council. The textbooks were tried out in some junior middle schools in UK under the organization of the British Council. After soliciting opinions from the experts concerned and with the permission of NOCFL, the textbooks have been published in the UK by the British Council with the title *Chinese for GCSE*.

KUAILE HANYU consists of 9 books with three levels, including a student's book, a teacher's book and a workbook at each level. In addition, there are the flash cards, wallcharts, CDs and CD-ROMs supplemented to the student's books. From the design, the compiling to the publishing, we have made every effort to accord with learner's psychological conditions and needs of the student from 11 to 16 years old, and with the requirements of foreign language curricula of certain countries. *KUAILE HANYU* focuses on the training of Chinese communicative competence,and also on motivating the learners. It is devoted to forming a solid foundation for the learners' further study.

It is our hope that *KUAILE HANYU* will increase every learner' s interest in Chinese, that *KUAILE HANYU* will let the learners know learning Chinese is very happy and easy rather than boring and difficult, that *KUAILE HANYU* will help the learners improve their Chinese, and thus get the key to the Chinese culture. We also hope that our colleagues in other countries will like *KUAILE HANYU*, and have a stronger connection with us.

We wish great success to all Chinese learners.

Writers
July 14, 2003

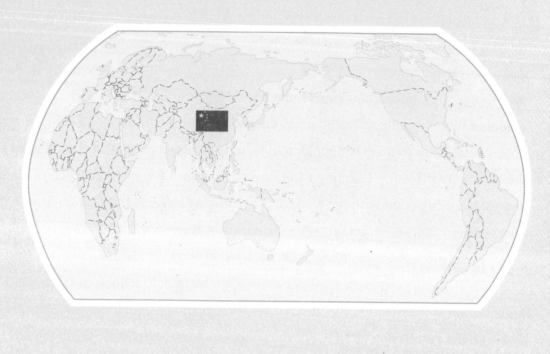

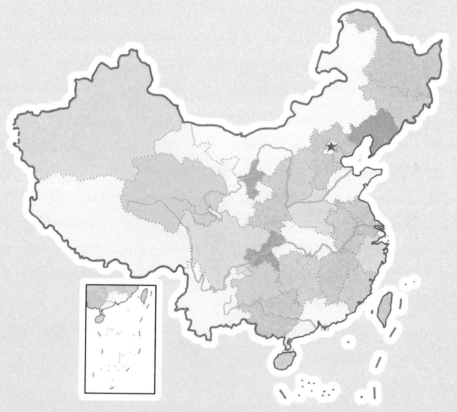

Xiǎohǎi
小海

Lìli
丽丽

Xiǎohóng
小红

Míngming
明明

Mary

Ann

Tom

Mike

普通话声母韵母拼合总表

Table of Combination of Initials and Finals in Chinese

声母＼韵母	a	o	e	-i [ɿ]	-i [ʅ]	er	ai	ei	ao	ou	an	en	ang	eng	ong	i	ia	iao	ie
	a	o	e			er	ai	ei	ao	ou	an	en	ang	eng		yi	ya	yao	ye
b	ba	bo					bai	bei	bao		ban	ben	bang	beng		bi		biao	bie
p	pa	po					pai	pei	pao	pou	pan	pen	pang	peng		pi		piao	pie
m	ma	mo	me				mai	mei	mao	mou	man	men	mang	meng		mi		miao	mie
f	fa	fo						fei		fou	fan	fen	fang	feng					
d	da		de				dai	dei	dao	dou	dan	den	dang	deng	dong	di	dia	diao	die
t	ta		te				tai		tao	tou	tan		tang	teng	tong	ti		tiao	tie
n	na		ne				nai	nei	nao	nou	nan	nen	nang	neng	nong	ni		niao	nie
l	la		le				lai	lei	lao	lou	lan		lang	leng	long	li	lia	liao	lie
g	ga		ge				gai	gei	gao	gou	gan	gen	gang	geng	gong				
k	ka		ke				kai	kei	kao	kou	kan	ken	kang	keng	kong				
h	ha		he				hai	hei	hao	hou	han	hen	hang	heng	hong				
j																ji	jia	jiao	jie
q																qi	qia	qiao	qie
x																xi	xia	xiao	xie
zh	zha		zhe		zhi		zhai	zhei	zhao	zhou	zhan	zhen	zhang	zheng	zhong				
ch	cha		che		chi		chai		chao	chou	chan	chen	chang	cheng	chong				
sh	sha		she		shi		shai	shei	shao	shou	shan	shen	shang	sheng					
r			re		ri				rao	rou	ran	ren	rang	reng	rong				
z	za		ze	zi			zai	zei	zao	zou	zan	zen	zang	zeng	zong				
c	ca		ce	ci			cai		cao	cou	can	cen	cang	ceng	cong				
s	sa		se	si			sai		sao	sou	san	sen	sang	seng	song				

iou	ian	in	iang	ing	iong	u	ua	uo	uai	uei	uan	uen	uang	ueng	ü	üe	üan	ün
you	yan	yin	yang	ying	yong	wu	wa	wo	wai	wei	wan	wen	wang	weng	yu	yue	yuan	yun
	bian	bin		bing		bu												
	pian	pin		ping		pu												
miu	mian	min		ming		mu												
						fu												
diu	dian			ding		du		duo		dui	duan	dun						
	tian			ting		tu		tuo		tui	tuan	tun						
niu	nian	nin	niang	ning		nu		nuo			nuan				nü	nüe		
liu	lian	lin	liang	ling		lu		luo			luan	lun			lü	lüe		
						gu	gua	guo	guai	gui	guan	gun	guang					
						ku	kua	kuo	kuai	kui	kuan	kun	kuang					
						hu	hua	huo	huai	hui	huan	hun	huang					
jiu	jian	jin	jiang	jing	jiong										ju	jue	juan	jun
qiu	qian	qin	qiang	qing	qiong										qu	que	quan	qun
xiu	xian	xin	xiang	xing	xiong										xu	xue	xuan	xun
						zhu	zhua	zhuo	zhuai	zhui	zhuan	zhun	zhuang					
						chu	chua	chuo	chuai	chui	chuan	chun	chuang					
						shu	shua	shuo	shuai	shui	shuan	shun	shuang					
						ru	rua	ruo		rui	ruan	run						
						zu		zuo		zui	zuan	zun						
						cu		cuo		cui	cuan	cun						
						su		suo		sui	suan	sun						

目 录 CONTENTS

第四单元　学校生活 *Unit Four School Life*

第五单元　环境与健康 *Unit Five Environment and Health*

第六单元　时尚与娱乐 *Unit Six Fashion and Entertainment*

第七单元　媒　体　Unit Seven Media

第八单元　旅游与风俗　Unit Eight Travel and Custom

第一课 他是谁

Nǐ jiào shénme míngzi?
你叫什么名字?

Wǒ jiào Mǎ Lìli.
我叫马丽丽。

Tā shì shéi?
他是谁?

Tā shì wǒ de péngyou.
他是我的朋友。

 New Words

1. xìng 姓 to be surnamed
2. míngzi 名字 name
3. shéi 谁 who
4. péngyou 朋友 friend
5. duō 多 many
6. huānyíng 欢迎 to welcome
7. dìfang 地方 place
8. nǐmen 你们 you
9. tāmen 他们 they, them

 Sentence Patterns

1. Nǐ xìng shénme? 你姓什么?
2. Wǒ xìng Mǎ. 我姓马。
3. Nǐ jiào shénme míngzi? 你叫什么名字?
4. Wǒ jiào Mǎ Lìli. 我叫马丽丽。
5. Wǒ yǒu hěn duō péngyou. 我有很多朋友。
6. Tā shì shéi? 他是谁?

1. Read aloud.

Nǐ hǎo.
A: 你好。

Nǐ hǎo.
B: 你好。

Nǐ xìng shénme?
A: 你姓什么?

Wǒ xìng Mǎ.
B: 我姓马。

Nǐ jiào shénme míngzi?
A: 你叫什么名字?

Wǒ jiào Mǎ Lìli.
B: 我叫马丽丽。

Tā shì shéi?
A: 他是谁?

Tā shì wǒ de péngyou.
B: 他是我的朋友。

Wǒ yǒu hěn duō péngyou.
我有很多朋友。

Huānyíng! Nǐ jiā zài shénme dìfang?
A: 欢迎! 你家在什么地方?

Wǒ jiā zài Xiānggǎng.
C: 我家在香港。

2. Number the words according to the tape.

shéi	péngyou	xìng	míngzi	dìfang	duō	huānyíng
who	friend	to be surnamed	name	place	many	welcome
	①					

3. put a ✓ under the correct picture.

Lǐ Xiǎolóng
1) 李小龙

2)

3)  Shànghǎi 上海

4)

 4. Read aloud.

1) míngzi 名字　shénme míngzi 什么名字　nǐ de míngzi 你的名字

2) péngyou 朋友　hǎo péngyou 好朋友　wǒ de péngyou 我的朋友

3) duō 多　hěn duō 很多　hěn duō péngyou 很多朋友

4) dìfang 地方　shénme dìfang 什么地方　hǎo dìfang 好地方　hěn duō dìfang 很多地方

 5. Make dialogues according to the pictures below.

Nǐ xìng shénme? 你姓什么？

Wǒ xìng…… 我姓……

Tā shì shéi? 他是谁？

Tā shì wǒ de…… 他是我的……

Nǐ jiào shénme míngzi? 你叫什么名字？

Wǒ jiào…… 我叫……

Tā zài shénme dìfang? 他在什么地方？

Tā zài…… 他在……

 6. Match the Chinese questions with the English answers.

1) Tā shì shéi? 他是谁？

2) Tā jiào shénme míngzi? 他叫什么名字？

3) Tā jiā zài shénme dìfang? 他家在什么地方？

4) Tā xìng shénme? 他姓什么？

He lives in Beijing.

His surname is Li.

He's my friend.

His name is Tom.

7. Translation.

1) Nǐmen hǎo! Wǒ xìng Mǎ, wǒ de míng-
   你们好！我姓马，我的名
   zi jiào Mǎ Lìli. Wǒ shì xuésheng.
   字叫马丽丽。我是学生。

2) Wǒ jiā zài Běijīng, Běijīng shì yí ge
   我家在北京，北京是一个
   hǎo dìfang. Huānyíng nǐmen qù wǒ jiā.
   好地方。欢迎你们去我家。

3) Wǒ yǒu hěn duō hǎo péngyou, wǒ xǐhuan
   我有很多好朋友，我喜欢
   tāmen.
   他们。

 8. Write characters.

姓 ㇄ 女 女 女 女 女 姓 姓

名 ㇒ ㇗ 夕 夕 名 名

字 ㇔ 宀 宀 宁 字 字

朋 ㇒ 刀 月 月 月 朋 朋 朋

友 一 ナ 方 友

 9. Pronunciation practice.

Māma qí mǎ, mǎ màn, māma mà mǎ.
妈妈骑马，马慢，妈妈骂马。
Niūniu qiān niú, niú nìng, niūniu níng niú.
妞妞牵牛，牛拧，妞妞拧牛。

Mother rides a horse, the horse is slow, mother scolds the horse. Sister leads a cow, the cow is stubborn, sister pinches the cow.

第二课 她比我高

Nǐ duō dà?
你多大?

Tā bǐ wǒ dà, yě bǐ wǒ gāo.
她比我大，也比我高。

Wǒ jīnnián shíliù suì.
我今年十六岁。

New Words

1. 多 duō how(old, high, etc.)
2. 今年 jīnnián this year
3. 她 tā she, her
4. 说 shuō to speak
5. 汉语 Hànyǔ Chinese
6. 法语 Fǎyǔ French
7. 英语 Yīngyǔ English
8. 比 bǐ than
9. 高 gāo high, tall
10. 艺术 yìshù art
11. 谢谢 xièxie to thank

Sentence Patterns

Nǐ duō dà?
1. 你多大?

Wǒ jīnnián shíliù suì.
2. 我今年十六岁。

Tā bǐ wǒ dà.
3. 她比我大。

Wǒ huì shuō Yīngyǔ.
4. 我会说英语。

Nǐ de Hànyǔ hěn hǎo.
5. 你的汉语很好。

1. Read aloud.

Nǐ duō dà?
A: 你多大？

Wǒ jīnnián shíliù suì.
B: 我今年十六岁。

Nǐ de Hànyǔ hěn hǎo.
A: 你的汉语很好。

Xièxie. Nǐ huì shuō Yīngyǔ ma?
B: 谢谢。你会说英语吗？

Huì. Nǐ huì shuō Fǎyǔ ma?
A: 会。你会说法语吗？

Bú huì.
B: 不会。

Wǒ yǒu yí ge hǎo
我有一个好

péngyou, tā jiào Xiǎohóng.
朋友，她叫小红。

Tā bǐ wǒ dà, yě bǐ
她比我大，也比

wǒ gāo. Tā xǐhuan yì-
我高。她喜欢艺

shù, tā xiǎng zuò huàjiā.
术，她想做画家。

2. Number the words according to the tape.

bǐ 比	shuō 说	duō 多	xièxie 谢谢	Hànyǔ 汉语	gāo 高
				①	
jīnnián 今年	Yīngyǔ 英语	tā 她	yìshù 艺术	Fǎyǔ 法语	

3. Put a ✓ under the correct picture.

1)

2)

3)

4)
你好

5)
Mike Tom

6)
Lìlì
丽丽
Xiǎohóng
小红

6

4. Read aloud.

1)　jīnnián 今年　　jīntiān 今天　　zuótiān 昨天

2)　duō 多　　duō dà 多大　　duō gāo 多高

3)　shuō 说　　shuō Hànyǔ 说汉语　　shuō Yīngyǔ 说英语　　shuō Fǎyǔ 说法语

4)　bǐ 比　　tā bǐ wǒ dà 她比我大　　wǒ bǐ nǐ gāo 我比你高

5. Complete the dialogues according to the pictures below.

1)

Nǐ duō dà?
A:你多大？

Wǒ jīnnián shíliù suì. Nǐ ne?
B:我今年十六岁。你呢？

Wǒ jīnnián shísì suì.
A:我今年十四岁。

Wǒ bǐ nǐ……
B:我比你……

2)

Nǐ……?
A:你……？

Wǒ jīnnián…… suì.
B:我今年……岁。

Wǒ jīnnián…… suì.
A:我今年……岁。

Wǒ bǐ nǐ……
B:我比你……

3)

Jīntiān lěng ma?
A:今天冷吗？

Jīntiān bǐ zuótiān……
B:今天比昨天……

4)

Jīntiān nǐ qù…… ma?
A:今天你去……吗？

Wǒ bú qù……
B:我不去……

7

6. Match the Chinese with the English.

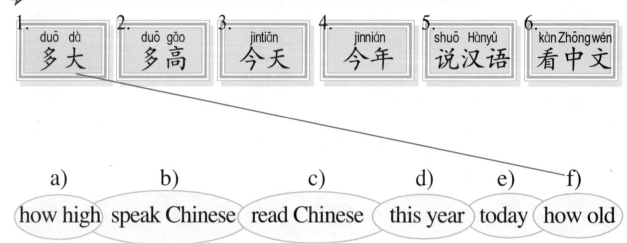

1.	2.	3.	4.	5.	6.
duō dà 多大	*duō gāo* 多高	*jīntiān* 今天	*jīnnián* 今年	*shuō Hànyǔ* 说汉语	*kàn Zhōngwén* 看中文

a)   b)   c)   d)   e)   f)

how high   speak Chinese   read Chinese   this year   today   how old

 7. Translation.

1) *Wǒ jiào* 我叫 Mary，*wǒ shì xuésheng,* 我是学生，*wǒ jīnnián shísì suì.* 我今年十四岁。

2) *Wǒ huì shuō Yīngyǔ,* 我会说英语，*yě huì shuō Hànyǔ,* 也会说汉语，*wǒ yě xǐhuan yìshù.* 我也喜欢艺术。

3) Tom *bǐ* 比 Mike *gāo,* 高，Mike *bǐ* 比 Tom *dà.* 大。

 8. Write characters.

多	′	ク	夕	多	多	多			
年	′	仁	仁	午	乍	年			
说	′	讠	讠	讶	讶	说	说	说	
比	一	上	比	比					
高	′	亠	亠	古	古	高	高	高	高

第三课 我的一天

 New Words

shíjiānbiǎo
1. 时间表 timetable, schedule

qǐchuáng
3. 起床 to get up

wǎnshang
5. 晚上 evening

kāishǐ
7. 开始 to begin, to start

mèimei
9. 妹妹 younger sister

měitiān
2. 每天 every day

fàn
4. 饭 meal, dinner

shuìjiào
6. 睡觉 to sleep

dìdi
8. 弟弟 younger brother

Wǒ měitiān zǎoshang qī diǎn qǐchuáng.
1. 我每天早上七点起床。

Wǒ jiǔ diǎn kāishǐ shàngkè.
2. 我九点开始上课。

Wǒ xiǎng kàn diànyǐng.
3. 我想看电影。

Shéi qù?
4. 谁去？

Shéi yào hē kāfēi?
5. 谁要喝咖啡？

1. Read aloud.

Zhè shì wǒ de shíjiānbiǎo.
这是我的时间表。

Wǒ měitiān zǎoshang qī diǎn qǐchuáng, qī diǎn bàn chī fàn, bā diǎn kāishǐ shàngkè.
我每天早上七点起床，七点半吃饭，八点开始上课。

Wǎnshang qī diǎn qù túshūguǎn, shí diǎn bàn shuìjiào.
晚上七点去图书馆，十点半睡觉。

Jīntiān wǎnshang wǒ xiǎng kàn diànyǐng, shéi qù?
今天晚上我想看电影，谁去？

2. Number the pictures according to the tape.

3. put a ✓ under the correct picture.

10

4. Read aloud.

1)
zǎoshang　　wǎnshang
早上　　晚上

2)
qǐchuáng　chī fàn　gōngzuò　yùndòng　shuìjiào
起床　吃饭　工作　运动　睡觉

3)
Shéi qù?　Shéi yào?　Shéi huì?
谁去?　谁要?　谁会?

4)
kàn diànyǐng　qù kàn diànyǐng　Shéi qù kàn diànyǐng?
看电影　去看电影　谁去看电影?

5)
hē kāfēi　yào hē kāfēi　Dìdi yào hē kāfēi.
喝咖啡　要喝咖啡　弟弟要喝咖啡。

6)
shuō Fǎyǔ　huì shuō Fǎyǔ　Mèimei huì shuō Fǎyǔ.
说法语　会说法语　妹妹会说法语。

5. Describe your timetable. Use the pictures to help you.

Zhè shì wǒ de shíjiānbiǎo……
这是我的时间表……

6. Join the pictures to the correct sentences.

1)
Wǒ měi ge xīngqīwǔ qù kàn diànyǐng.
我每个星期五去看电影。

a)

2)
Wǒ měitiān wǎnshang jiǔ diǎn kàn diànshì.
我每天晚上九点看电视。

b)

3)
Zhè shì wǒ de shíjiānbiǎo.
这是我的时间表。

c)

4)
Zuótiān zǎoshang wǒ shí diǎn qǐchuáng.
昨天早上我十点起床。

d)

11

      Wǒ bàba zài yīyuàn gōngzuò, tā shì yīsheng.
1) 我爸爸在医院工作，他是医生。

      Tā měitiān zǎoshang liù diǎn bàn qǐchuáng, qī diǎn chī fàn.
2) 他每天早上六点半起床，七点吃饭。

      Tā qī diǎn bàn zuò chē qù yīyuàn, bā diǎn kāishǐ gōngzuò.
3) 他七点半坐车去医院，八点开始工作。

      Tā měitiān wǎnshang kàn diànshì, shíyī diǎn shuìjiào.
4) 他每天晚上看电视，十一点睡觉。

 8. Write characters.

每	丿	亇	仁	毎	每	每	每			
起	一	十	土	丰	丰	赤	走	起	起	起
床	丶	亠	广	广	庁	庆	床			
谁	丶	讠	计	计	讠	讠	谁	谁	谁	
饭	丿	𠂇	饣	饣	饣	饭	饭			

单元小结

1. 某人＋姓＋什么？叫＋什么名字？	例句：你姓什么？ 叫什么名字？ 老师姓什么？叫什么名字？
2. 某人＋姓＋姓氏，某人＋叫＋姓名	例句：我姓马，我叫马丽丽。 老师姓Brown，他叫Jack Brown.
3. 某人＋多＋大？	例句：你多大？ 你哥哥多大？
4. 某人（＋今年）＋数字＋岁	例句：我十六岁。 我哥哥今年二十四岁。
5. 某人＋比＋某人＋大／小	例句：她比我大。 她姐姐比我姐姐小。
6. 某人＋（不）会＋说＋某种语言	例句：我会说汉语。 我们不会说法语。
7. 某人＋每天＋时间词＋动词（＋名词）	例句：我每天早上七点起床。 我妈妈每天七点看电视。
8. 某人＋时间词＋开始＋动词	例句：我九点开始上课。 爸爸八点开始工作。
9. 某人＋想＋动词＋宾语	例句：我想看电影。 学生想去运动场。
10. 谁＋动词（＋词组）？	例如：谁去？ 谁喜欢你？ 谁喝咖啡？

第四课 我的房间

Wǒ de fángjiān li yǒu zhuōzi、
我的房间里有桌子、
yǐzi.
椅子。

 New Words

yǐzi
1. 椅子 chair

zhuōzi
2. 桌子 table

kètīng
3. 客厅 living room

shāfā
4. 沙发 sofa

shūjià
5. 书架 bookshelf

chuáng
6. 床 bed

shàng
7. 上 on

lǐ
8. 里 in/at/inside/on

dēng
9. 灯 lamp

shū
10. 书 book

Sentence Patterns

Nǐ de fángjiān li yǒu shénme?
1. 你的房间里有什么？

Wǒ de fángjiān li yǒu zhuōzi、 yǐzi.
2. 我的房间里有桌子、椅子。

Kètīng li yǒu shāfā.
3. 客厅里有沙发。

Shūjià shang yǒu shénme?
4. 书架上有什么？

Shūjià shang yǒu hěn duō Zhōngwén shū, yě yǒu hěn duō Yīngwén shū.
5. 书架上有很多中文书，也有很多英文书。

1. Read aloud.

Fángjiān li yǒu shénme?
A: 房间里有什么？

Fángjiān li yǒu zhuōzi、 yǐzi.
B: 房间里有桌子、椅子。

Zhuōzi shang yǒu shénme?
A: 桌子上有什么？

Zhuōzi shang yǒu diànshì.
B: 桌子上有电视。

Shūjià shang yǒu shénme?
A: 书架上有什么？

Shūjià shang yǒu hěn duō Zhōngwén shū.
B: 书架上有很多中文书。

Gēge de fángjiān li yǒu chuáng、 zhuōzi、 diànnǎo.
哥哥的房间里有床、桌子、电脑。

Kètīng li yǒu shāfā、 yǐzi、 diànshì.
客厅里有沙发、椅子、电视。

Shūjià shang yǒu hěn duō Zhōngwén shū, yě yǒu hěn duō Yīngwén shū.
书架上有很多中文书，也有很多英文书。

2. Listening.

④				
			shàng 上 on	lǐ 里 in/at/inside/on

3. Listen and match the words with the objects in the pictures.

chuáng   diànshì   dēng
床   电视   灯

yǐzi   zhuōzi
椅子   桌子

shāfā   Zhōngwén shū
沙发   中文书

4. Complete the dialogues.

Zhè shì nǐ de fángjiān ma?
1) A: 这是你的房间吗？

Zhè shì wǒ de fángjiān.   Wǒ de fángjiān li yǒu zhuōzi、   yǐzi.
   B: 这是我的房间。我的房间里有桌子、椅子。

Nǐ de shūjià shang yǒu shénme shū?
2) A: 你的书架上有什么书？

Shūjià shang yǒu hěn duō   wǒ xǐhuan Zhōngwén.
   B: 书架上有很多_____，我喜欢中文。

Nǐ gēge de fángjiān li yǒu shénme?
3) A: 你哥哥的房间里有什么？

   B: _____ 。

Shāfā shang yǒu shénme?
4) A: 沙发上有什么？

   B: _____ 。

Xiǎohóng
5) A: 小 红，_____？

   B: _____，_____。

16

5. Match the Chinese with the English.

1.	2.	3.	4.	5.	6.	7.	8.
diànshì	diànnǎo	shāfā	yǐzi	zhuōzi	chuáng	kètīng	fángjiān
电视	电脑	沙发	椅子	桌子	床	客厅	房间

a) table   b) living room   c) room   d) sofa   e) TV   f) computer   g) chair   h) bed

6. Translation.

Zhè shì wǒ de fángjiān, fángjiān li yǒu zhuōzi、 yǐzi, zhuōzi shang yǒu shū.
1) 这是我的房间，房间里有桌子、椅子，桌子上有书。

Kètīng li yǒu diànshì、 shāfā, shāfā shang yǒu yì zhī māo, wǒ māma xǐhuan xiǎo māo.
2) 客厅里有电视、沙发，沙发上有一只猫，我妈妈喜欢小猫。

Bàba de fángjiān li yǒu diànnǎo, tā de àihào shì shàngwǎng.
3) 爸爸的房间里有电脑，他的爱好是上网。

Shūjià shang yǒu hěn duō Zhōngwén shū, wǒ xǐhuan Zhōngwén.
4) 书架上有很多中文书，我喜欢中文。

7. Choose some items in the box, draw them in the pictures, then describe the pictures you draw.

zhuōzi	yǐzi	shāfā	chuáng	diànshì
桌子	椅子	沙发	床	电视

diànnǎo	shūjià	Yīngwén shū	Fǎwén shū
电脑	书架	英文书	法文书

Zhōngwén shū	xiǎo māo	xiǎo gǒu	kāfēi	miànbāo
中文书	小猫	小狗	咖啡	面包

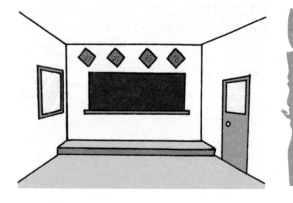

zhuōzi　yǐzi　diànshì　jiàoshi
桌子　椅子　电视　教师
nán xuésheng　nǚ xuésheng
男学生　女学生

 8. Write characters.

里	丶	冂	曱	旦	旦	甲	里			
间	丶	丨	门	门	间	间	间			
沙	丶	冫	氵	汃	汃	沙	沙			
发	一	夕	岁	发	发					
的	丿	亻	白	白	白	白	的	的		

 9. Pronunciation practice.

shuǐ hé tiān

水和天

Tiān lián shuǐ,　shuǐ lián tiān,
天连水，水连天，

Shuǐ tiān yí sè wàng wú biān.
水天一色望无边。

Dàodǐ shì tiān lián shuǐ,
到底是天连水，

Háishì shuǐ lián tiān?
还是水连天？

The Water and the Sky

The water meets the sky, and the sky meets the water. The two are endless in the same colour. How can we distinguish water from sky or sky from water?

Kètīng zài nánbiān.
客厅在南边。

 New Words

1. wòshì
   卧室 bedroom

2. dōngbiān
   东边 east

3. nánbiān
   南边 south

4. fàntīng
   饭厅 dining room

5. wèishēngjiān
   卫生间 toilet

6. mén
   门 door

7. duìmiàn
   对面 opposite

 Sentence Patterns

1. Wèishēngjiān zài nǎr?
   卫生间在哪儿?

2. Wèishēngjiān zài kètīng duìmiàn.
   卫生间在客厅对面。

3. Kètīng zài nánbiān.
   客厅在南边。

4. Fàntīng zài kètīng pángbiān.
   饭厅在客厅旁边。

5. Nà shì bàba māma de wòshì.
   那是爸爸妈妈的卧室。

1. Read aloud.

Wòshì zài nǎr?
A: 卧室在哪儿？

Wòshì zài dōngbian.
B: 卧室在东边。

Kètīng zài nǎr?
A: 客厅在哪儿？

Kètīng zài nánbian.
B: 客厅在南边。

Wèishēngjiān zài nǎr?
A: 卫生间在哪儿？

Wèishēngjiān zài kètīng duìmiàn.
B: 卫生间在客厅对面。

Zhè shì wǒ de jiā. Wǒ jiā bù hěn dà, yǒu wǔ ge fángjiān. Kètīng zài
这是我的家。我家不很大，有五个房间。客厅在

dōngbian, wòshì zài nánbian. Zhè shì wǒ de wòshì, nà shì bàba māma de
东边，卧室在南边。这是我的卧室，那是爸爸妈妈的

wòshì. Fàntīng zài kètīng pángbiān, wèishēngjiān zài kètīng duìmiàn.
卧室。饭厅在客厅旁边，卫生间在客厅对面。

2. Listening.

②			
dōngbian 东边 (east)	nánbian 南边 (south)	duìmiàn 对面 (opposite)	qiánbian 前边 (in front of)

3. Listening.

东边 dōngbian					
南边 nánbian	✓				
对面 duìmiàn					
后边 hòubian					

4. Match the characters with the pinyin .

1) 卫生间　　　（　）
2) 饭厅　　　　（　）
3) 卧室　　　　（　）
4) 厨房　　　　（　）
5) 客厅　　　　（　）
6) 门　　　　　（　）
7) 东边　　　　（　）
8) 南边　　　　（　）

① fàntīng
② kètīng
③ mén
④ dōngbian
⑤ wèishēngjiān
⑥ nánbian
⑦ chúfáng
⑧ wòshì

5. Complete the dialogues .

Wòshì zài nǎr?
1) A: 卧室在哪儿?
Wòshì zài nánbian.
B: 卧室在南边。

Fàntīng zài nǎr?
2) A: 饭厅在哪儿?
Fàntīng zài duìmiàn.
B: 饭厅在对面。
Wèishēngjiān zài nǎr?
A: 卫生间在哪儿?
Wèishēngjiān zài kètīng pángbiān.
B: 卫生间在客厅旁边。

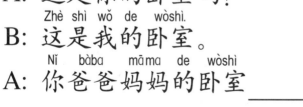

Zhè shì nǐ de wòshì ma?
3) A: 这是你的卧室吗?
Zhè shì wǒ de wòshì.
B: 这是我的卧室。
Nǐ bàba māma de wòshì
A: 你爸爸妈妈的卧室＿＿＿?

B: ＿＿＿＿＿＿＿＿＿＿＿。

4) A: ＿＿＿＿＿＿＿＿?

B: ＿＿＿＿＿＿＿＿。

5) A: <ruby>小<rt>Xiǎohóng,</rt></ruby> <ruby>红<rt></rt></ruby> ，<ruby>你<rt>nǐ</rt></ruby><ruby>的<rt>de</rt></ruby><ruby>房<rt>fángjiān</rt></ruby><ruby>间<rt></rt></ruby><ruby>在<rt>zài</rt></ruby><ruby>哪<rt>nǎr?</rt></ruby><ruby>儿<rt></rt></ruby>?   B: _____ 。

A: <ruby>小<rt>Xiǎohǎi</rt></ruby><ruby>海<rt></rt></ruby><ruby>的<rt>de</rt></ruby> _____ ?   B: _____ 。

A: <ruby>丽<rt>Lìli</rt></ruby><ruby>丽<rt></rt></ruby><ruby>的<rt>de</rt></ruby> _____ ?   B: _____ 。

A: <ruby>卫<rt>Wèishēngjiān</rt></ruby><ruby>生<rt></rt></ruby><ruby>间<rt></rt></ruby> _____ ?   B: _____ 。

6. Match the Chinese with the English .

1) <ruby>我<rt>wǒ</rt></ruby><ruby>的<rt>de</rt></ruby><ruby>卧<rt>wòshì</rt></ruby><ruby>室<rt></rt></ruby>

2) <ruby>我<rt>wǒ</rt></ruby><ruby>家<rt>jiā</rt></ruby><ruby>的<rt>de</rt></ruby><ruby>客<rt>kètīng</rt></ruby><ruby>厅<rt></rt></ruby>

3) Ann <ruby>家<rt>jiā</rt></ruby><ruby>的<rt>de</rt></ruby><ruby>厨<rt>chúfáng</rt></ruby><ruby>房<rt></rt></ruby>

4) <ruby>去<rt>qù</rt></ruby><ruby>卫<rt>wèishēngjiān</rt></ruby><ruby>生<rt></rt></ruby><ruby>间<rt></rt></ruby>

5) <ruby>在<rt>zài</rt></ruby><ruby>饭<rt>fànting</rt></ruby><ruby>厅<rt></rt></ruby><ruby>对<rt>duìmiàn</rt></ruby><ruby>面<rt></rt></ruby>

kitchen of Ann's home

my bedroom

go to the toilet

opposite the dining room

living room of my home

7 · Translation .

1) Zhè shì wǒ jiā de kètīng, fàntīng zài kètīng duìmiàn.
   这是我家的客厅，饭厅在客厅对面。

2) Chúfáng zài dōngbian, wǒ zài chúfáng hē chá.
   厨房在东边，我在厨房喝茶。

3) Wèishēngjiān zài nánbian, wǎng qián zǒu.
   卫生间在南边，往前走。

4) Wǒ de wòshì zài zuǒbian, gēge de wòshì zài yòubian.
   我的卧室在左边，哥哥的卧室在右边。

 8 . Write characters .

东	一	七	车	夯	东				
边	フ	力	边	边	边				
南	一	十	十	南	南	南	南	南	南
对	フ	又	又	对	对				
面	一	了	丆	币	而	而	而	面	面

Nǐ jiā de huāyuán zhēn piàoliang!
你家的花园真漂亮!

New Words

jiājù 1. 家具 furniture	huā 2. 花 flower
huāyuán 3. 花园 garden	shūzhuō 4. 书桌 desk
gānjìng 5. 干净 clean	zhěngqí 6. 整齐 tidy, neat
piào liang 7. 漂亮 beautiful	zhēn 8. 真 really
nǐmen de 9. 你们的 your, yours	

Sentence Patterns

Nǐ jiā de huāyuán zhēn piàoliang!
1. 你家的花园真漂亮!

Wǒ jiā de huāyuán li yǒu hěn duō huā.
2. 我家的花园里有很多花。

Wǒ bàba、 māma xǐhuan huā.
3. 我爸爸、妈妈喜欢花。

Wǒ de shūzhuō hěn gānjìng.
4. 我的书桌很干净。

Jiějie de shūjià shang yǒu hěn duō Zhōngwén shū.
5. 姐姐的书架上有很多中文书。

24

1. Read aloud.

Nǐ jiā de huāyuán li yǒu hěn duō huā!
A: 你家的花园里有很多花！

Wǒ bàba、 māma xǐhuan huā.
B: 我爸爸、妈妈喜欢花。

Nǐ jiā de huāyuán zhēn piàoliang!
A: 你家的花园真漂亮！

Xièxie!
B: 谢谢！

Zhè shì wǒ de fángjiān. Wǒ de fángjiān li yǒu chuáng、 shūzhuō、 yǐzi、 shū-
这是我的房间。我的房间里有床、书桌、椅子、书

jià. Shūzhuō shang yǒu diànnǎo. Shūjià shang yǒu hěn duō shū. Wǒ de shūjià hěn zhěngqí.
架。书桌上有电脑。书架上有很多书。我的书架很整齐。

Wǒ de fángjiān hěn gānjìng. Wǒ xǐhuan wǒ de fángjiān.
我的房间很干净。我喜欢我的房间。

2. Listening.

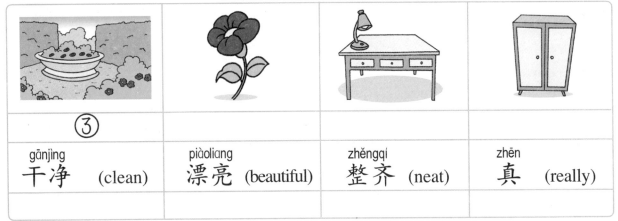

③			
gānjìng 干净　(clean)	piàoliang 漂亮 (beautiful)	zhěngqí 整齐 (neat)	zhēn 真　(really)

3. Listen and choose with ✓ or ×.

Wǒ jiā de huāyuán li yǒu hěn duō huā.
1) ①我家的花园里有很多花。（　）

Wǒ jiā de kètīng li yǒu hěn duō huā.
②我家的客厅里有很多花。（　）

Shūzhuō shang yǒu hěn duō shū.
2) ①书桌上有很多书。（　）

Shūjià shang yǒu hěn duō shū.
②书架上有很多书。（　）

25

3) ① Gēge de fángjiān li yǒu diànshì.
哥哥的房间里有电视。（ ）
② Bàba de fángjiān li yǒu diànshì.
爸爸的房间里有电视。（ ）

4) ① Bàba、 māma de wòshì li yǒu hěn duō jiājù.
爸爸、妈妈的卧室里有很多家具。（ ）
② Wǒ jiějie de wòshì li yǒu hěn duō jiājù.
我姐姐的卧室里有很多家具。（ ）

5) ① Nǐ jiā zhēn piàoliang.
你家真漂亮。（ ）
② Nǐ jiā zhēn gānjìng.
你家真干净。（ ）

4. Read aloud.

1) jiājù   shūjià   zhuōzi   yǐzi   shūzhuō   chuáng
家具   书架   桌子   椅子   书桌   床

2) fángjiān zhěngqí   kètīng zhěngqí   shūzhuō zhěngqí
房间整齐   客厅整齐   书桌整齐

3) jiājù zhēn gānjìng   wòshì zhēn gānjìng   wèishēngjiān zhēn gānjìng
家具真干净   卧室真干净   卫生间真干净

4) nǐmen de xuéxiào zhēn piàoliang   nǐ jiā de huāyuán zhēn piàoliang
你们的学校真漂亮   你家的花园真漂亮

5. Complete the dialogues according to the pictures below.

1) Zhè shì wǒ de shūjià.
A:这是我的书架。
Nǐ de shūjià zhēn zhěngqí!
B:你的书架真整齐！

2) Zhè shì wǒ jiā de huāyuán.
A: 这是我家的花园。
Nǐ jiā de huāyuán zhēn piàoliang!
B: 你家的花园真漂亮！
Xièxie! Wǒ bàba、 māma xǐhuan huā.
A: 谢谢！我爸爸、妈妈喜欢花。

3) A: Zhè shì wǒ de
这是我的_____。

B: Nǐ de
你的_____！

A: Xièxie!
谢谢！_____。

4) A: _____。

B: _____！

A: ____！ Wǒ 我_____。

6. Match the Chinese with the English.

1) huā
花

2) shūzhuō
书桌

3) huāyuán
花园

4) jiājù
家具

5) gānjìng
干净

6) zhěngqí
整齐

7) piàoliang
漂亮

8) zhēn
真

a) garden

b) clean

c) beautiful

d) desk

e) flower

f) really

g) tidy, neat

h) furniture

7. Translation.

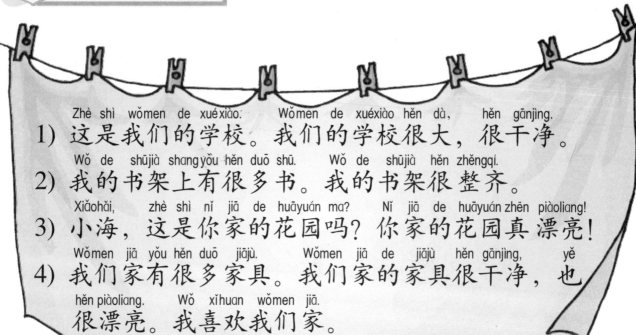

Zhè shì wǒmen de xuéxiào. Wǒmen de xuéxiào hěn dà, hěn gānjìng.
1) 这是我们的学校。我们的学校很大，很干净。

Wǒ de shūjià shang yǒu hěn duō shū. Wǒ de shūjià hěn zhěngqí.
2) 我的书架上有很多书。我的书架很整齐。

Xiǎohǎi, zhè shì nǐ jiā de huāyuán ma? Nǐ jiā de huāyuán zhēn piàoliang!
3) 小海，这是你家的花园吗？你家的花园真漂亮！

Wǒmen jiā yǒu hěn duō jiājù. Wǒmen jiā de jiājù hěn gānjìng, yě
4) 我们家有很多家具。我们家的家具很干净，也

hěn piàoliang. Wǒ xǐhuan wǒmen jiā.
很漂亮。我喜欢我们家。

8. Write characters.

桌	丨	上	上	占	点	卓	卓	桌	桌
真	一	十	十	冇	冇	直	真	真
花	一	十	艹	艹	艼	芢	花
干	一	二	干
净	丶	冫	冫	冷	浄	净	净

28

单元小结

1.某处所＋里＋有＋什么?	例句：客厅里有什么? 你哥哥的房间里有什么?
2.某处所＋里＋有＋某物	例句：客厅里有沙发。 我家的花园里有很多花。 我的房间里有椅子、桌子。
3.某物＋上＋有＋什么?	例句：桌子上有什么? 沙发上有什么? 书架上有什么?
4.名词＋上＋有＋某物	例句：桌子上有电视。 沙发上有一只猫。 书架上有很多中文书。
5.某处所＋在＋哪儿?	例句：卧室在哪儿? 卫生间在哪儿?
6.某处所＋在＋方位词	例句：卧室在东边，客厅在南边。 饭厅在旁边，卫生间在饭厅对面。
7.这/那＋是＋某人＋的＋某处	例句：这是我的房间。 那是爸爸妈妈的卧室。
8.某人＋喜欢＋宾语	例句：我喜欢中文书。 爸爸妈妈喜欢花。
9.某处所＋真＋形容词	例句：你们家真干净! 他的书架真整齐! 你家的花园真漂亮!

第七课 你买什么

Wǒ yào mǎi ……
我要买 ……

diǎnxin 点心	yì jīn 一斤
píngguǒ 苹果	èr jīn 二斤
jī dàn 鸡蛋	liù ge 六个
niúnǎi 牛奶	sān píng 三瓶
shuǐ 水	wǔ píng 五瓶

 New Words

1. mǎi 买 to buy

2. shuǐ 水 water

3. diǎnxin 点心 light refreshments, pastries

4. hái 还 also, else

5. jīn 斤 unit of weight (=1/2 kilogram)

6. píng 瓶 a bottle of

7. hé 和 and

8. yào 要 to want to

9. dōngxi 东西 thing

Sentence Patterns

Nǐ mǎi shénme?
1. 你买什么？
Wǒ mǎi jīdàn hé diǎnxin.
2. 我买鸡蛋和点心。
Nǐ hái yào shénme?
3. 你还要什么？

Wǒ hái yào yì píng niúnǎi、 liǎng jīn píngguǒ.
4. 我还要一瓶牛奶、两斤苹果。
Wǒ xiǎng mǎi hěn duō dōngxi.
5. 我想买很多东西。

1. Read aloud.

Nǐ mǎi shénme?
A: 你买什么？
Wǒ mǎi diǎnxin.
B: 我买点心。
Nǐ mǎi jǐ jīn?
A: 你买几斤？
Wǒ mǎi yì jīn.
B: 我买一斤。
Nǐ hái yào shénme?
A: 你还要什么？
Wǒ hái yào yì píng shuǐ hé liǎng píng niúnǎi.
B: 我还要一瓶水和两瓶牛奶。

Jīntiān shì xīngqīliù, wǒ yào
今天是星期六，我要
mǎi hěn duō dōngxi. Wǒ yào mǎi wǔ píng
买很多东西。我要买五瓶
shuǐ、 sān píng niúnǎi, hái yào mǎi liù ge jī-
水、三瓶牛奶，还要买六个鸡
dàn、 liǎng jīn píngguǒ hé
蛋、两斤苹果和
yì jīn diǎnxin.
一斤点心。

2. Number the words according to the tape.

_____ _____ _____ ① _____ _____

3. Listen and choose.

Xiǎohǎi xiǎng mǎi shénme?
小海想买什么？

shuǐ	qìshuǐ	niúnǎi	niúròu	píngguǒ	diǎnxin	miàntiáo
水	汽水	牛奶	牛肉	苹果	点心	面条

31

4. Read aloud .

yì píng shuǐ　　liǎng píng　niúnǎi　　　　　sān jīn diǎnxin　　　sì jīn píngguǒ
一瓶水　　两瓶牛奶　　　　三斤点心　　四斤苹果

mǎi dōngxi　　mǎi hěn duō dōngxi　　　yào mǎi hěn duō dōngxi
买东西　　买很多东西　　　要买很多东西

nǐ hé wǒ　　nán xuésheng hé nǚ xuésheng　shuǐguǒ hé diǎnxin
你和我　　男学生和女学生　　水果和点心

Wǒ yào mǎi niúnǎi,　　hái yào mǎi qìshuǐ.　　Nǐ mǎi jǐ píng?　　Wǒ mǎi liǎng píng.
我要买牛奶，还要买汽水。你买几瓶？我买两瓶。

5. Complete the dialogues according to the pictures below.

Nǐ mǎi shénme?
你买什么？

Wǒ
我 _____ 。

Nǐ yào jǐ jīn?
你要几斤？

Wǒ yào
我要 _____ 。

Nǐ
你 _____ ？

Wǒ mǎi　　　hé
我买 ____ 和 ____ 。

Nǐ hái mǎi shénme?
你还买什么？

Wǒ hái
我还 _____ 。

Tā yǒu yì zhī xiǎo māo.
1) 他有一只小猫。

Wǒmen bān yǒu shí ge xuésheng hé sān ge
2) 我们班有十个学生和三个
jiàoshī.
教师。

Wǒ mǎi yì píng guǒzhī hé yì jīn niúròu.
3) 我买一瓶果汁和一斤牛肉。

Nǐ hái yào mǎi shénme?
4) 你还要买什么？

Wǒ yào yì jīn píngguǒ, hái yào yì jīn
5) 我要一斤苹果，还要一斤
diǎnxin.
点心。

a) There are ten students and three teachers in my class.

b) He has a little cat.

c) What else do you want to buy?

d) I want to buy a bottle of juice and half a kilo of beef.

e) I want half a kilo of apples and half a kilo of pastries.

 7. Translation.

Wǒ xiǎng mǎi dōngxi, wǒ xiǎng mǎi hěn duō dōngxi!
1) 我想买东西，我想买很多东西！

Wǒ yào mǎi liǎng píng guǒzhī hé yì píng qìshuǐ, nǐ mǎi shénme?
2) 我要买两瓶果汁和一瓶汽水，你买什么？

Wǒmen mǎi píngguǒ, wǒ yào yì jīn, tā yào liǎng jīn.
3) 我们买苹果，我要一斤，他要两斤。

Zhuōzi shang yǒu shuǐguǒ hé diǎnxin, hái yǒu yì píng shuǐ hé liǎng ge jīdàn.
4) 桌子上有水果和点心，还有一瓶水和两个鸡蛋。

Tā yǒu sān zhī xiǎo māo. Xiǎo māo xǐhuan niúnǎi, hái xǐhuan yú.
5) 他有三只小猫。小猫喜欢牛奶，还喜欢鱼。

8 . Write characters .

买	⁊	ⵆ	买	买	买	买			
斤	⺁	⺁	斤	斤					
西	一	丆	两	两	两	西			
和	⺍	二	千	禾	禾	禾	和	和	
还	一	丆	不	不	还	还			

9. Pronunciation practice .

Shānyáng shàng shān shān pèng shānyáng jiǎo,

山羊上山山碰山羊角，

Shuǐniú xià shuǐ shuǐ mò shuǐniú yāo.

水牛下水水没水牛腰。

The goat climbs the mountain, and the

mountain knocks against its horns.

The water buffalo goes into the water,

and the water rises up to its waist.

第八课 苹果多少钱一斤

Píngguǒ duōshao qián yì jīn?
苹果多少钱一斤？

Liǎng kuài sì máo jiǔ yì jīn.
两块四毛九一斤。

Wǒ yào yì jīn bàn, yígòng duōshao qián?
我要一斤半，一共多少钱？

 New Words

1. duōshao
多少 how many, how much

2. qián
钱 money

3. kuài yuán
块（元）yuan

4. máo jiǎo
毛（角）ten cents
(unit of 1/10 yuan)

5. fēn
分 cent (unit of 1/100 yuan)

6. zhūròu
猪肉 pork

7. jī
鸡 chicken

8. yígòng
一共 altogether

9. líng
零 zero

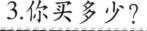

> Pingguǒ duōshao qián yì jīn?
> 1.苹果多少钱一斤？
>
> Pingguǒ liǎng kuài sì máo jiǔ yì jīn.
> 2.苹果两块四毛九一斤。
>
> Nǐ mǎi duōshao?
> 3.你买多少？
>
> Wǒ yào yì jīn bàn.
> 4.我要一斤半。
>
> Yígòng duōshao qián?
> 5.一共多少钱？

1. Read aloud.

Qǐngwèn, pingguǒ duōshao qián yì jīn?
1) A: 请问，苹果多少钱一斤？

Liǎng kuài sì máo yì jīn.
   B: 两块四毛一斤。

Wǒ yào yì jīn bàn.
   A: 我要一斤半。

¥: 2.40
500 g

Wǒ yào bàn jīn zhūròu.
2) A: 我要半斤猪肉。

Nǐ hái yào shénme?
   B: 你还要什么？

Wǒ hái yào yì zhī jī, yígòng duōshao qián?
   A: 我还要一只鸡，一共多少钱？

Yígòng shíwǔ kuài líng liù fēn.
   B: 一共十五块零六分。

¥: 15.06

 2.Tick the words you hear on the tape.

a) zhūròu
猪肉___

b) jī
鸡___

c) shí kuài yì píng
。十块一瓶___

d) yì jīn
一斤___

e) hěn duō qián
很多钱___

niúròu
牛肉___

jīdàn
鸡蛋___

shí kuài yì jīn
十块一斤___

yì jīn bàn
一斤半___

duōshao qián
多少钱___

36

3. Listen and choose.

	sì jīn	sì jīn bàn	shí jīn bàn
1)	四斤	四斤半	十斤半
2)	￥6.00	￥1.35	￥6.35

4. Read aloud.

bàn jīn　　　　bàn píng　　　　bàn ge　　　　bàn zhī
半斤　　　　半瓶　　　　半个　　　　半只

yì jīn bàn　　liǎng nián bàn　　sān suì bàn　　sì diǎn bàn　　wǔ tiān bàn
一斤半　　两年半　　三岁半　　四点半　　五天半

liù jīn píngguǒ　　qī píng shuǐ　　bā zhī xiǎo māo　　jiǔ ge fángjiān　　shí ge péngyou
六斤苹果　　七瓶水　　八只小猫　　九个房间　　十个朋友

duōshao qián yì jīn　　duōshao qián yí ge　　duōshao qián yì píng　　duōshao qián yì zhī
多少钱一斤　　多少钱一个　　多少钱一瓶　　多少钱一只

yígòng wǔ kuài　　　　yígòng jiǔ kuài bā máo　　　　yígòng shí'èr kuài liù máo bā fēn
一共五块　　　　一共九块八毛　　　　一共十二块六毛八分

yígòng èrshí kuài líng wǔ fēn
一共二十块零五分

5. Complete the dialogues according to the pictures below.

Qìshuǐ duōshao qián
汽水多少钱＿＿＿?

yì píng.
＿＿＿一瓶。

Wǒ yào
我要＿＿＿。

Yígòng
一共＿＿＿。

（￥2.50 × 3＝￥7.50）

Wǒ yào
我要 _____ 。

Wǒ hái
我还 _____ 。

（￥5.99/500g）

Zhūròu
猪肉 _____ 。

Nǐ hái
你还 _____ ？

Yígòng
一共 _____ 。

（￥18.39）

 6. Read and Match .

1) Niúnǎi duōshao qián yì píng?
   牛奶多少钱一瓶？

2) Nǐ mǎi duōshao?
   你买多少？

3) Nǐ hái yào shénme?
   你还要什么？

4) Liǎng jin bàn niúròu hé yì zhī ji.
   两斤半牛肉和一只鸡。

5) Yígòng duōshao qián?
   一共多少钱？

6) Yígòng shíqi kuài liù máo èr.
   一共十七块六毛二。

a) How many do you want to buy?

b) What else would you like?

c) How much is a bottle of milk?

d) How much is it altogether?

e) Seventeen yuan sixty two cents altogether.

f) Two and half *jin* of beef and a chicken.

7. Translation .

Wǒ xiǎng mǎi píngguǒ,   píngguǒ duōshao qián yì jīn?
1) 我想买苹果，苹果多少钱一斤？

Zhūròu bā kuài sì máo jiǔ yì jīn,   nǐ yào jǐ jīn?
2) 猪肉八块四毛九一斤，你要几斤？

Guǒzhī sān kuài èr yì píng,   wǒ mǎi sì píng,   yígòng shí'er kuài bā máo.
3) 果汁三块二一瓶，我买四瓶，一共十二块八毛。

Wǒ yǒu yí ge gēge,   tā jīnnián shíbā suì.   Wǒ hái yǒu yì zhī xiǎo māo,
4) 我有一个哥哥，他今年十八岁。我还有一只小猫，

xiǎo māo liǎng suì.
小猫两岁。

 8 . Write characters .

| 少 | 丨 | 小 | 小 | 少 | | | | | | |

| 钱 | 丿 | 卜 | 上 | 乍 | 钅 | 钅 | 钅 | 针 | 钱 | 钱 |

| 块 | 一 | 十 | 土 | 圤 | 圤 | 块 | 块 | | | |

| 分 | 丿 | 八 | 今 | 分 | | | | | | |

| 共 | 一 | 十 | 廾 | 共 | 共 | 共 | | | | |

New Words

1. zìxíngchē 自行车 bicycle
2. gēn 跟 with
3. yíyàng 一样 same
4. jiàn 件 (a measure word)
5. yīfu 衣服 clothes
6. guì 贵 expensive
7. yìdiǎnr 一点儿 a little , a bit
8. piányi 便宜 cheap

Sentence Patterns

Zhè jiàn yīfu bǐ nà jiàn guì yìdiǎnr.
1. 这件衣服比那件贵一点儿。

Nà jiàn yīfu méiyǒu zhè jiàn yīfu piàoliang.
2. 那件衣服没有这件衣服漂亮。

Tā de zìxíngchē gēn wǒ de zìxíngchē yíyàng.
3. 他的自行车跟我的自行车一样。

Wǒ de àihào gēn nǐ de àihào bù yíyàng.
4. 我的爱好跟你的爱好不一样。

Gēge bǐ tā dà yìdiǎnr.
5. 哥哥比他大一点儿。

1. Read aloud.

Zhè shì nǐ de zìxíngchē ma?
1)A: 这是你的自行车吗?

Bú shì, zhè shì de zìxíngchē.
B: 不是，这是 Tom 的自行车。

Tā de zìxíngchē gēn wǒ de zìxíngchē yíyàng.
A: 他的自行车跟我的自行车一样。

Wǒ de zìxíngchē gēn nǐmen de bù yíyàng.
B: 我的自行车跟你们的不一样。

Wǒ yǒu liǎng jiàn yīfu. Zhè jiàn yīfu bǐ nà jiàn guì yìdiǎnr, nà jiàn
2) 我有两件衣服。这件衣服比那件贵一点儿，那件

yīfu méiyǒu zhè jiàn yīfu piàoliang. Wǒ xǐhuan zhè jiàn.
衣服没有这件衣服漂亮。我喜欢这件。

2. Number the words according to the tape.

41

3. Listen and put ✓ or × .

Nà jiàn yīfu piàoliang.
1) 那件衣服漂亮。（　　）

de zìxíngchē bǐ　　de zìxíngchē guì yìdiǎnr.
2) Tom 的自行车比 Mary 的自行车贵一点儿。（　　）

Míngming de àihào gēn Lìli de àihào bù yíyàng.
3) 明明的爱好跟丽丽的爱好不一样。（　　）

4. Copy the pinyin next to the correct phrases .

zhè jiàn yīfu hěn piàoliang　　　这件衣服很漂亮 _____

nàge méiyǒu zhège piányi　　　那个花园很大 _____

nàge huāyuán hěn dà　　　不一样 _____

zhège bǐ nàge guì yìdiǎnr　　　这个比那个贵一点儿 _____

gēn wǒ de àihào yíyàng　　　跟我的爱好一样 _____

bù yíyàng　　　那个没有这个便宜 _____

5. Complete the dialogues according to the pictures below.

1)
Nǐ jiā yǒu jǐ ge fángjiān?
你家有几个房间？

Wǒ jiā　　　　nǐ jiā ne?
我家 _____，你家呢？

Wǒ jiā
我家 _____。

Nǐ jiā bǐ
你家比 _____。

2)

Yīfu _____ yí jiàn?
衣服_____一件?

Zhè jiàn _____ nà jiàn _____ 。
这件____，那件____。

_____ bǐ _____ 。
_____比_____。

_____ méiyǒu _____ 。
_____没有_____。

3)

Wǒ xǐhuan _____ nǐ ne?
我喜欢____，你呢?

Wǒ yě _____，wǒ de
我也_____，我的
àihào gēn nǐ de
爱好跟你的_____。

Nǐ de péngyou de _____ ?
你的朋友的_____?

Tā de àihào shì
他的爱好是____。
Tā de àihào gēn
他的爱好跟____。

 6. Read and match.

Wǒ de fángjiān bǐ tā de fángjiān gānjìng.
1) 我的房间比他的房间干净。

Zhège huāyuán méiyǒu nàge huāyuán dà.
2) 这个花园没有那个花园大。

Zhè jiàn yīfu bǐ nà jiàn guì yìdiǎnr.
3) 这件衣服比那件贵一点儿。

Tā de shūzhuō gēn wǒ de shūzhuō yíyàng.
4) 他的书桌跟我的书桌一样。

Nǐ de zìxíngchē gēn tā de zìxíngchē bù yíyàng.
5) 你的自行车跟他的自行车不一样。

a) This garden is not as big as that garden.

b) This garment is a little more expensive than that one.

c) Your bicycle is not the same as his bicycle.

d) My room is cleaner than his room.

e) His desk is the same as my desk.

7. Translation.

1) 我十二岁，他十二岁半。他比我大一点儿。

Wǒ shí'èr suì, tā shí'èr suì bàn. Tā bǐ wǒ dà yìdiǎnr.

2) 北京的苹果两块五一斤，上海的苹果两块八一斤。上海的苹果比北京的苹果贵一点儿。

Běijīng de píngguǒ liǎng kuài wǔ yì jīn, Shànghǎi de píngguǒ liǎng kuài bā yì jīn. Shànghǎi de píngguǒ bǐ Běijīng de píngguǒ guì yìdiǎnr.

3) 他家的花园漂亮，我家的花园也漂亮。他家的花园没有我家的花园漂亮。

Tā jiā de huāyuán piàoliang, wǒ jiā de huāyuán yě piàoliang. Tā jiā de huāyuán méiyǒu wǒ jiā de huāyuán piàoliang.

4) Mike 的爱好是音乐，明明和 Tom 的爱好是电脑游戏。Mike 的爱好跟明明的爱好不一样，明明的爱好跟 Tom 的爱好一样。

de àihào shì yīnyuè, Míngming hé de àihào shì diànnǎo yóuxì. de àihào gēn Míngming de àihào bù yíyàng, Míngming de àihào gēn de àihào yíyàng.

8. Write characters.

衣	丶	亠	亠	衣	衣	衣				
件	丿	亻	亻	仵	仵	件				
自	丿	亻	自	自	自	自				
行	丿	彳	彳	彳	行	行				
样	一	十	才	木	术	栏	栏	栏	栏	样

1.某人＋买＋名词＋和＋名词	例句：我买牛奶和面包。
	他买鸡和猪肉。
2.某人＋还＋要/买＋什么?	例句：你还要什么?
	哥哥还买什么?
3.某人＋还＋要/买＋名词	例句：妈妈还买面包。
	我还要一瓶牛奶，两斤苹果。
4.某人＋要/买＋多少? /几＋量词?	例句：你买多少?
	他要几瓶?
5.某人＋要/买＋数字＋量词（＋名词）	例句：我要一瓶。
	妈妈买一斤点心。
6.某物＋多少钱＋一＋量词?	例句：牛奶多少钱一瓶?
	苹果多少钱一斤?
7.某物＋钱数＋一＋量词	例句：牛奶十块一瓶。
	苹果两块四毛九一斤。
8.一共＋多少钱?	例句：一共多少钱?
9.一共＋钱数	例句：一共十五块零六分。
	一共十一块六毛五分。
10.A＋比＋B＋形容词＋一点儿	例句：这件衣服比那件衣服贵一点儿。
	我的房间比他的房间干净一点儿。
11.A＋没有＋B＋形容词	例句：那件衣服没有这件衣服漂亮。
	他的房间没有我的房间干净。
12.A＋跟＋B＋(不)一样	例句：他的自行车跟我的自行车一样。
	我的爱好跟你的爱好不一样。

第十课 你今天上了什么课

Nǐ jintiān shàngle shénme kè?
你今天上了什么课?

Wǒ jintiān shàngle lìshǐkè.
我今天上了历史课。

Nǐmen míngtiān yǒu shénme kè?
你们明天有什么课?

Wǒmen míngtiān yǒu dìlǐkè
我们明天有地理课
hé shùxuékè.
和数学课。

 New Words

Déyǔ
1. 德语 German

lìshǐ
2. 历史 history

dìlǐ
3. 地理 geography

shùxué
4. 数学 mathematics

míngtiān
5. 明天 tomorrow

shàng kè
6. 上（课）go to (class)

le
7. 了 （aspectual particle）

46

Sentence Patterns

Nǐ jīntiān shàngle shénme kè?
1.你今天上了什么课?

Wǒ jīntiān shàngle tǐyùkè.
2.我今天上了体育课。

Nǐ míngtiān yǒu shénme kè?
3.你明天有什么课?

Wǒ míngtiān yǒu Hànyǔkè.
4.我明天有汉语课。

Xīngqī'èr wǒ méiyǒu shùxué kè hé Déyǔkè.
5.星期二我没有数学课和德语课。

1. Read aloud.

Nǐ jīntiān shàngle shénme kè?
1) A: 你今天上了什么课?

Wǒ jīntiān shàngle yīnyuè kè.
B: 我今天上了音乐课。

Nǐ míngtiān yǒu shénme kè?
A: 你明天有什么课?

Wǒ míngtiān yǒu lìshǐ kè, nǐ ne?
B: 我明天有历史课,你呢?

Wǒ míngtiān yǒu shùxué kè hé dìlǐ kè.
A: 我明天有数学课和地理课。

shì Yīngguórén, tā huì shuō Hànyǔ. Tā jīn-
2) Tom 是英国人, 他会说汉语。 他今

tiān shàngle Hànyǔkè, tā xǐhuan Hànyǔkè.
天上了汉语课, 他喜欢汉语课。Tom

yě huì shuō Déyǔ. Tā míngtiān yǒu Déyǔkè, tā yě
也会说德语。 他明天有德语课, 他也

xǐhuan Déyǔkè.
喜欢德语课。

2. Listen to the tape and link persons and subjects.

1) Ann   2) Tom   3) 丽丽   4) 小海   5) Mike   6) Mary

3. Listen to the tape and fill the blanks.

A	B	C	D	E	F	G	H
History	Geography	Mathematics	German	Music	French	Chinese	P.E.

	Mike	Tom	丽丽	小海	Mary
Today	D G				
Tomorrow	E F				

4. Read and match.

有历史课和数学课   Yīngyǔkè hé Déyǔkè

有音乐课   shàng Fǎyǔkè

上法语课   yǒu lìshǐkè hé shùxuékè

英语课和德语课   shàng dìlǐkè

有汉语课   yǒu yīnyuèkè

上地理课   yǒu Hànyǔkè

5. Complete the dialogues according to the pictures below.

Nǐ jīntiān shàngle shénme kè?
你今天上了什么课?

Nǐ míngtiān yǒu shénme kè?
你明天有什么课?

Wǒ jīntiān shàngle Déyǔkè.
我今天上了德语课。

Wǒ míngtiān yǒu lìshǐ-
kè hé dìlǐkè.
我明天有历史课和地理课。

48

Nǐ jīntiān shàngle......?
你今天上了......?

Wǒ jīntiān shàngle......
我今天上了......

Nǐ míngtiān yǒu......?
你明天有......?

Wǒ míngtiān yǒu......
我明天有......

6. Match the Chinese with the English.

1) German class and music class

2) geography class and Chinese class

3) history class and mathematics class

4) P.E. and geography class

5) mathematics class and German class

6) French class and geography class

shùxuékè   hé   Déyǔkè
数学课和德语课

lìshǐkè   hé   shùxuékè
历史课和数学课

Déyǔkè   hé   yīnyuèkè
德语课和音乐课

tǐyùkè   hé   dìlǐkè
体育课和地理课

dìlǐkè   hé   Hànyǔkè
地理课和汉语课

Fǎyǔkè   hé   dìlǐkè
法语课和地理课

7. Translation.

Wǒ   xīngqīyī shàngle   yīnyuè kè,   wǒ xǐhuan shàng yīnyuè kè.   Wǒ
1) 我星期一上了音乐课，我喜欢上音乐课。我

míngtiān yǒu   lìshǐkè   hé   shùxué kè.
明天有历史课和数学课。

Wǒ   xīngqī'èr   yǒu   Déyǔkè   hé   dìlǐkè,   wǒ méiyǒu shùxuékè
2) 我星期二有德语课和地理课，我没有数学课

hé   Hànyǔkè.
和汉语课。

49

> Wǒ huì shuō Hànyǔ,   wǒ xiǎng qù Zhōngguó,   wǒ xiǎng zuò fēijī qù
> 3) 我会说汉语，我想去中国，我想坐飞机去
> Běijīng hé Shànghǎi.
> 北京和上海。

8．Write characters．

历	一	厂	厉	历						
史	丶	口	口	史	史					
地	一	十	土	圵	圸	地				
理	一	二	干	王	王	玑	珂	珥	珅	理
了	乛	了								

9．Pronunciation practice．

Qiān tiáo xiàn,
千条线，
Wàn tiáo xiàn,
万条线，
Diào zài shuǐ li kàn bú jiàn.
掉在水里看不见。

A thousand threads,

Ten thousand threads,

You can not see them when they fall to the water.

 New Words

zuòyè
1. 作业 exercise, homework

kǎoshì
2. 考试 examination

kēmù
3. 科目 subject

zhōngxué
4. 中学 secondary school

nán
5. 难 difficult

róngyì
6. 容易 easy

yǒuyìsi
7. 有意思 interesting

Sentence Patterns

Hànyǔ nán bù nán?
1. 汉语难不难？

Hànyǔ bù nán.
2. 汉语不难。

Jīntiān zuòyè duō bù duō?
3. 今天作业多不多？

Jīntiān zuòyè hěn duō.
4. 今天作业很多。

Hànyǔkè yǒuyìsi ma?
5. 汉语课有意思吗？

Hànyǔkè hěn yǒuyìsi.
6. 汉语课很有意思。

1. Read aloud.

Wǒ jīntiān shàngle Hànyǔkè.
A: 我今天上了汉语课。

Hànyǔ nán bù nán?
B: 汉语难不难？

Hànyǔ bù nán Hànyǔkè hěn yǒuyìsi.
A: 汉语不难，汉语课很有意思。

Zhōngxué de kēmù duō bù duō?
B: 中学的科目多不多？

Zhōngxué de kēmù hěn duō.
A: 中学的科目很多。

Nǐ xǐhuan shénme kè?
B: 你喜欢什么课？

Wǒ xǐhuan Hànyǔkè hé dìlǐkè.
A: 我喜欢汉语课和地理课。

Wǒ jiāo wǒ shì xuésheng. Wǒ jīntiān shàngle Hànyǔkè hé shùxué kè.
我叫Ann，我是学生。我今天上了汉语课和数学课。

Hànyǔkè hěn yǒuyìsi, shùxué kè yě hěn yǒuyìsi. Hànyǔ zuòyè hěn róngyì,
汉语课很有意思，数学课也很有意思。汉语作业很容易，

shùxué zuòyè bù róngyì.
数学作业不容易。

2. Number the words according to the tape.

yǒuyìsi	lìshǐ kǎoshì	Hànyǔ kǎoshì	zhōngxué	zuòyè
有意思	历史考试	汉语考试	中学	作业
			①	
róngyì	kǎoshì	hěn nán	bù róngyì	kēmù
容易	考试	很难	不容易	科目

3. Listen to the tape and say whether the statements are true ✓ or false ×.

1) Ann has a lot of homework. (   )

2) The examination in geography is not difficult. (   )

3) Tom feels that the French class is boring. (   )

4) Mary does not like any subjects at school. (   )

4. Read aloud and match the characters with the pinyin.

① 法语作业   Fǎyǔ zuòyè

② 地理考试   zuòyè bù duō

③ 中学科目   zuòyè hěn nán

④ 中学教师   zhōngxué kēmù

⑤ 作业很难   dìlǐ kǎoshì

⑥ 作业不多   zhōngxué jiàoshī

5. Read the dialogues and make dialogues with the words in the boxes.

Nǐ jīntiān shàngle shénme kè?
你今天上了什么课?

Wǒ jīntiān shàngle shùxué kè.
我今天上了数学课。

Shùxué nán bù nán?
数学难不难?

Shùxué bù nán.
数学不难。

英语 法语 德语 地理 历史 汉语

Fǎyǔkè yǒuyìsi ma?
法语课有意思吗?

Fǎyǔ zuòyè duō bù duō?
法语作业多不多?

Fǎyǔkè hěn yǒuyìsi.
法语课很有意思。

Fǎyǔ zuòyè bù duō.
法语作业不多。

英语　汉语　德语　地理　历史　数学

Hànyǔkè yǒuyìsi ma?
汉语课有意思吗?

Hànyǔ kǎoshì róng-
汉语考试容
yì bù róngyì?
易不容易?

Hànyǔkè hěn yǒuyìsi.
汉语课很有意思。

Hànyǔ kǎoshì bù róngyì.
汉语考试不容易。

多　　　难

6. Match the sentences in the left column with the ones in the right column.

Nǐ jīntiān shàngle shénme kè?
1. 你今天上了什么课?

Shùxué kǎoshì nán bù nán?
2. 数学考试难不难?

Hànyǔ zuòyè duō bù duō?
3. 汉语作业多不多?

Dìlǐ kǎoshì róngyì ma?
4. 地理考试容易吗?

Nǐ xǐhuan shénme kēmù?
5. 你喜欢什么科目?

Lìshǐkè yǒuyìsi ma?
6. 历史课有意思吗?

Wǒ xǐhuan yīnyuè hé lìshǐ.
a) 我喜欢音乐和历史。

Dìlǐ kǎoshì bù róngyì.
b) 地理考试不容易。

Lìshǐkè hěn yǒuyìsi.
c) 历史课很有意思。

Hànyǔ zuòyè hěn duō.
d) 汉语作业很多。

Wǒ jīntiān shàngle shùxuékè.
e) 我今天上了数学课。

Shùxué kǎoshì bù nán.
f) 数学考试不难。

7. Translation .

1) Wǒ jīntiān shàngle Yīngyǔ kè. Yīngyǔ kè hěn yǒuyìsi, Yīngyǔ
我今天上了英语课。英语课很有意思，英语
zuòyè hěn róngyì.
作业很容易。

2) Wǒ míngtiān yǒu lìshǐ kè. Lìshǐ zuòyè bù róngyì, lìshǐ kǎo-
我明天有历史课。历史作业不容易，历史考
shì hěn nán.
试很难。

3) Zhōngxué de kēmù hěn duō. Wǒ xǐhuan yīnyuè hé lìshǐ, wǒ péng-
中学的科目很多。我喜欢音乐和历史，我朋
you xǐhuan dìlǐ hé shùxué.
友喜欢地理和数学。

 8 . Write characters .

作	ノ	亻	亻	作	竹	作	作			
业	丨	丨	丬	业	业					
科	一	二	千	禾	禾	禾	科	科		
意	丶	亠	六	产	立	音	音	音	音	
	意	意	意							
思	丶	冂	田	田	田	思	思	思		

55

New Words

1. lái
来 to come

2. pīngpāngqiú
乒乓球 table tennis

3. yǔmáoqiú
羽毛球 badminton

4. tī
踢 to play (football), to kick

5. zúqiú
足球 football

6. xué xí
学(习) to study, to learn

7. shūfǎ
书法 calligraphy

Sentence Patterns

Lái dǎ pīngpāngqiú ba!
1. 来打乒乓球吧!

Wǒ bú huì dǎ pīngpāngqiú.
2. 我不会打乒乓球。

Wǒmen qù dǎ yǔmáoqiú.
3. 我们去打羽毛球。

Nǐmen tī bù tī zúqiú?
4. 你们踢不踢足球?

Wǒmen bù tī zúqiú.
5. 我们不踢足球。

1. Read aloud.

1) Nǐ dǎ bù dǎ pīngpāngqiú?
A: 你打不打乒乓球?

Wǒ bù dǎ pīngpāngqiú,
B: 我不打乒乓球,

wǒ qù dǎ yǔmáoqiú.
我去打羽毛球。

Lái dǎ pīngpāngqiú ba!
A: 来打乒乓球吧!

Wǒ bú huì dǎ pīngpāngqiú.
B: 我不会打乒乓球。

Wǒ lái dǎ pīngpāngqiú, wǒ huì dǎ pīngpāngqiú.
C: 我来打乒乓球, 我会打乒乓球。

2) hé Xiǎohǎi huì dǎ pīngpāng-
Mary 和小海会打乒乓

qiú, tāmen měitiān dǎ pīngpāngqiú.
球, 他们每天打乒乓球。

Lìli bú huì dǎ pīngpāngqiú, tā qù
丽丽不会打乒乓球, 她去

dǎ yǔmáoqiú. de àihào shì
打羽毛球。Ann 的爱好是

shūfǎ, tā měitiān xuéxí shūfǎ.
书法, 她每天学习书法。

2. Listen to the tape and say what they do.

小红	丽丽	Tom	小海	Mary	Ann	Mike
④						

① ② ③ ④ ⑤ ⑥ ⑦

3. Listen to the tape and tick the correct picture.

1) Ann is going to _____

2) Mike is not good at _____

3) Tom asked Lili to _____

4) Mary is going to _____

 4. Read and match.

1) 来打乒乓球   tī bù tī zúqiú

2) 去踢足球   dà bù dǎ yǔmáoqiú

3) 看不看书   qù tī zúqiú

4) 学习不学习书法   lái dǎ pīngpāngqiú

5) 打不打羽毛球   xuéxí bù xuéxí shūfǎ

6) 踢不踢足球   kàn bú kàn shū

5. Read the dialogues and make similar dialogues with the phrases in the box.

Nǐ dǎ bù dǎ lánqiú?
你打不打篮球？

Lái dǎ lánqiú ba!
来打篮球吧！

Wǒ bù dǎ lánqiú, wǒ qù dǎ pīngpāngqiú.
我不打篮球，我去打乒乓球。

Wǒ bú huì dǎ lánqiú, wǒmen dǎ pīngpāngqiú ba!
我不会打篮球，我们打乒乓球吧！

dǎ pīngpāngqiú
打乒乓球

dǎ yǔmáoqiú
打羽毛球

dǎ wǎngqiú
打网球

dǎ lánqiú
打篮球

tī zúqiú
踢足球

yóuyǒng
游泳

6. Match the Chinese with the English.

play table tennis	dǎ lánqiú 打篮球
play basketball	tī zúqiú 踢足球
play football	dǎ pīngpāngqiú 打乒乓球
play badminton	kàn shū 看书
study calligraphy	kàn diànyǐng 看电影
read a book	dǎ yǔmáoqiú 打羽毛球
see a film	xuéxí shūfǎ 学习书法

7. Translation.

1) Wǒ hé gēge xīngqīliù zuò qìchē qù tǐyùguǎn, wǒmen qù dǎ píng-

我和哥哥星期六坐汽车去体育馆，我们去打乒

pāngqiú. Jiějie bú huì dǎ pīngpāngqiú. Tā kāichē qù túshūguǎn,

乒球。姐姐不会打乒乓球。她开车去图书馆，

tā qù kàn Zhōngwén shū.

她去看中文书。

2) Wǒ jīntiān dǎle pīngpāngqiú. Wǒ hé jiějie míngtiān qù xuéxí shūfǎ.

我今天打了乒乓球。我和姐姐明天去学习书法。

Wǒmen xǐhuan shūfǎ, shūfǎ hěn yǒuyìsi.

我们喜欢书法，书法很有意思。

 8. Write characters.

单元小结

1.某人＋时间词语＋上＋了＋什么课?	例句：你今天上了什么课? 姐姐星期三上了什么课?
2.某人＋时间词语＋上＋了＋课程名称	例句：我今天上了历史课。 哥哥今天上了法语课。 姐姐星期三上了汉语课。
3.某人＋时间词语＋有＋什么课?	例句：你明天有什么课? 弟弟星期五有什么课?
4.某人＋时间词语＋有＋课程名称	例句：我明天有汉语课。 他明天有历史课和音乐课。 姐姐星期三有德语课和体育课。
5.主语＋形容词＋不＋形容词?	例句：汉语难不难? 地理考试容易不容易?
6.主语＋不/很＋形容词	例句：汉语不难。 地理考试很容易。
7.来/去（＋动词＋宾语）＋吧!	例句：来吧! 去打乒乓球吧!
8.某人＋动词＋不＋动词＋宾语?	例句：你打不打乒乓球? 你们踢不踢足球? 弟弟学习不学习书法?
9.某人＋来/去＋动词＋宾语	例句：我们去打羽毛球。 姐姐来学习书法。

第十三课　明天有小雨

Jīntiān shì qíngtiān,　míngtiān yǒu xiǎo yǔ.
今天是晴天，明天有小雨。

Qiūtiān shì Běijīng zuì hǎo de jìjié.
秋天是北京最好的季节。

 New Words

1. qíngtiān 晴天 clear day

2. yǔ 雨 rain

3. chūntiān 春天 spring

4. chángcháng 常常 often

5. fēng 风 wind

6. qiūtiān 秋天 fall, autumn

7. zuì 最 the most

8. jìjié 季节 season

Sentence Patterns

Jīntiān shì qíngtiān.　　Míngtiān yǒu xiǎo yǔ.　　Běijīng de chūntiān chángcháng yǒu fēng.

1.今天是晴天。 2.明天有小雨。 3.北京的春天常常有风。

Qiūtiān shì Běijīng zuì hǎo de jìjié.　　Běijīng de qiūtiān bù lěng yě bú rè.

4.秋天是北京最好的季节。　　5.北京的秋天不冷也不热。

1. Read aloud.

1)　Nǐ jīntiān kànle diànshì ma?　　Kànle.

A:你今天看了电视吗？　B:看了。

　Jīntiān lěng ma?　　Bù lěng. Jīntiān shì qíngtiān.

A:今天冷吗？　　　　　B:不冷。今天是晴天。

　Míngtiān ne?　　Míngtiān lěng, míngtiān yǒu xiǎo yǔ.

A:明天呢？　　　　　　B:明天冷，明天有小雨。

2)　Běijīng yǒu sì ge jìjié.　　Běijīng de chūntiān chángcháng yǒu fēng.

北京有四个季节。　　北京的春天常常有风。

Qiūtiān hěn hǎo, bù lěng yě bú rè.　　Qiūtiān shì Běijīng zuì hǎo de jìjié.

秋天很好，不冷也不热。　　秋天是北京最好的季节。

2. Number the words according to the tape.

yǔ 雨	zuì 最	chūntiān 春天	jìjié 季节
		①	
fēng 风	chángcháng 常常	qíngtiān 晴天	qiūtiān 秋天

3. Put a ✓ under the correct picture.

4 . Read aloud.

1) yǔ　xiǎo yǔ　dà yǔ
雨　小雨　大雨

2) chūntiān　qiūtiān
春天　秋天

3) chángcháng　chángcháng yùndòng　chángcháng qù túshūguǎn　chángcháng dǎ lánqiú
常常　常常运动　常常去图书馆　常常打篮球

4) zuì　zuì gāo　zuì dà　zuì hǎo
最　最高　最大　最好

5) shéi zuì gāo　shéi de péngyou zuì duō　shéi de fángjiān zuì dà
谁最高　谁的朋友最多　谁的房间最大

5. Complete the dialogues.

1) A: Jīntiān lěng ma?
今天冷吗？

B: Bù lěng,　jīntiān shì qíngtiān.
不冷，今天是晴天。

A: Míngtiān ne?
明天呢？

B: ……

2) A: Nǐ xǐhuan yùndòng ma?
你喜欢运动吗？

B: Wǒ hěn xǐhuan.
我很喜欢。

A: Nǐ chángcháng zuò shénme yùndòng?
你常常做什么运动？

B: Wǒ chángcháng
我常常……

3) A：你们班有几个学生？
Nǐmen bān yǒu jǐ ge xuésheng?

B：我们班有九个学生。
Wǒmen bān yǒu jiǔ ge xuésheng.

A：谁是你们班最高的学生？
Shéi shì nǐmen bān zuì gāo de xuésheng?

B：Mike 是我们班最高的学生。
shì wǒmen bān zuì gāo de xuésheng.

4) A：你家有几个人？
Nǐ jiā yǒu jǐ ge rén?

B：……

A：谁是你家最……的人？
Shéi shì nǐ jiā zuì de rén?

B：……

6. Read and Match.

1) 今天是晴天。
Jīntiān shì qíngtiān.

2) 今天有雨。
Jīntiān yǒu yǔ.

3) 今天有风。
Jīntiān yǒu fēng.

4) 春天常常有雨。
Chūntiān chángcháng yǒu yǔ.

5) 秋天常常有风。
Qiūtiān chángcháng yǒu fēng.

6) 春天是最好的季节。
Chūntiān shì zuì hǎo de jìjié.

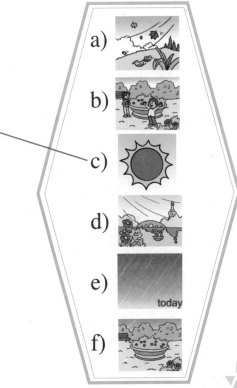

a)

b)

c)

d)

e) today

f)

65

7 . Translation .

Jīntiān bù lěng,   jīntiān shì qíngtiān.
1) 今天不冷，今天是晴天。

Chūntiān chángcháng yǒu fēng,   wǒ bù xǐhuan chūntiān.
2) 春天常常有风，我不喜欢春天。

Qiūtiān shì zuì hǎo de jìjié,   bù lěng yě bú rè.
3) 秋天是最好的季节，不冷也不热。

8 . Write characters .

明	丨	冂	月	日	日	明	明	明		
雨	一	丆	雨	雨	雨	雨	雨	雨		
春	一	二	三	夫	夫	表	春	春	春	
风	丿	几	凡	风						
最	丨	冂	日	日	旦	旱	昻	昻	昻	最
	最	最								

 9. Pronunciation practice.

yǒng liǔ
咏柳

Bìyù zhuāngchéng yí shù gāo,
碧玉妆成一树高，

Wàn tiáo chuí xià lù sītāo.
万条垂下绿丝绦。

Bù zhī xìyè shéi cái chū?
不知细叶谁裁出？

Èryuè chūnfēng sì jiǎndāo.
二月春风似剪刀。

Singing Willow

The slender tree is dressed in emerald all about, a thousand branches droop like fringes made of jade. But do you know by whom these slim leaves are cut out? The wind of early spring, as sharp as scissor blades.

Yéye zài hú biān dǎ tàijíquán.
爷爷在湖边打太极拳。

 New Words

1. nǎinai 奶奶 grandmother
2. gōngyuán 公园 park
3. sànbù 散步 to take a walk
4. háizi 孩子 child
5. cǎodì 草地 lawn, grassland
6. pǎo 跑 to run
7. yéye 爷爷 grandfather
8. hú biān 湖边 lakeside
9. tàijíquán 太极拳 Taiji

Sentence Patterns

Nǎinai zài gōngyuán li sànbù.
1. 奶奶在公园里散步。

Háizi zài cǎodì shang pǎo.
2. 孩子在草地上跑。

Yéye měitiān zǎoshang zài hú biān dǎ tàijíquán.
3. 爷爷每天早上在湖边打太极拳。

Wǒ xiǎng xuéxí tàijíquán.
4. 我想学习太极拳。

Gōngyuán li měitiān yǒu hěn duō rén.
5. 公园里每天有很多人。

1. Read aloud.

Nǎinai zài nǎr?
1) A：奶奶在哪儿？

Nǎinai zài gōngyuán li sànbù.
B：奶奶在公园里散步。

Háizi zài nǎr?
A：孩子在哪儿？

Háizi zài cǎodì shang pǎo.
B：孩子在草地上跑。

Yéye zài nǎr?
A：爷爷在哪儿？

Yéye zài hú biān dǎ tàijíquán.
B：爷爷在湖边打太极拳。

Wǒ jiā de hòubian yǒu yí ge gōngyuán.
2) 我家的后边有一个公园。

Zhège gōngyuán zhēn piàoliang, gōngyuán li měitiān yǒu hěn duō rén.
这个公园真漂亮，公园里每天有很多人。

Nǎinai zài gōngyuán li sànbù, háizi zài cǎodì shang pǎo.
奶奶在公园里散步，孩子在草地上跑。

Yéye měitiān zǎoshang zài hú biān dǎ tàijíquán.
爷爷每天早上在湖边打太极拳。

Wǒ chángcháng qù kàn tàijíquán, wǒ yě xiǎng xuéxí tàijíquán.
我常常去看太极拳，我也想学习太极拳。

2. Number the words according to the tape.

cǎodì 草地	sànbù 散步	tàijíquán 太极拳	nǎinai 奶奶	gōngyuán 公园
	①			
háizi 孩子	yéye 爷爷	pǎo 跑	hú biān 湖边	

3. Put a ✓ under the correct picture.

①  ②

③  ④  ⑤

4. Read aloud.

1) gōngyuán li
公园里

gōngyuán li yǒu hěn duō rén
公园里有很多人

nǎinai zài gōngyuán li sànbù
奶奶在公园里散步

2) fángjiān li
房间里

fángjiān li yǒu zhuōzi hé yǐzi
房间里有桌子和椅子

bàba zài fángjiān li kàn shū
爸爸在房间里看书

3) cǎodì shang
草地上

cǎodì shang yǒu liǎng ge háizi
草地上有两个孩子

háizi zài cǎodì shang pǎo
孩子在草地上跑

4) shāfā shang
沙发上

shāfā shang yǒu yì zhī xiǎo māo
沙发上有一只小猫

xiǎo māo zài shāfā shang shuìjiào
小猫在沙发上睡觉

5. Complete the dialogues.

1) A: Nǎinai zài nǎr sànbù?
   奶奶在哪儿散步？

   B: Nǎinai zài gōngyuán li sànbù.
   奶奶在公园里散步。

2) A: Háizi …… pǎo?
   孩子……跑？

   B: Háizi zài cǎodì shang pǎo.
   孩子在草地上跑。

3) A: Yéye …… dǎ tàijíquán?
   爷爷……打太极拳？

   B: ……

4) A: …… xuéxí?
   …… 学习？

   B: ……

6. Read and Match.

1) Yéye zài hú biān sànbù.
   爷爷在湖边散步。

2) Nǎinai zài gōngyuán li dǎ tàijíquán.
   奶奶在公园里打太极拳。

3) Xiǎogǒu zài cǎodì shang pǎo.
   小狗在草地上跑。

4) Háizi zài chuáng shang shuìjiào.
   孩子在床上睡觉。

5) Xuésheng zài jiàoshì li xuéxí.
   学生在教室里学习。

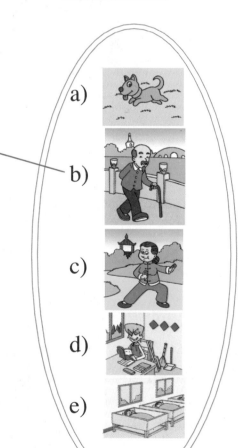

a)

b)

c)

d)

e)

7. Translation.

1) Gōngyuán li yǒu hěn duō rén, nǎinai zài gōngyuán li sànbù, háizi zài cǎo-
公园里有很多人，奶奶在公园里散步，孩子在草
dì shang pǎo.
地上跑。

2) Yéye měitiān zǎoshang zài hú biān dǎ tàijíquán, wǒ chángcháng zǎoshang liù diǎn
爷爷每天早上在湖边打太极拳，我常常早上六点
qǐchuáng, qù kàn tàijíquán.
起床，去看太极拳。

3) Tàijíquán zhēn hǎokàn, wǒ xiǎng xuéxí tàijíquán.
太极拳真好看，我想学习太极拳。

8. Write characters.

草	一	十	艹	艹	苎	苗	苩	草	草
太	一	大	大	太					
跑	丶	口	口	口	𧾷	𧾷	𧾷	𧾷	跑	跑
	跑	跑							
园	丨	冂	冂	冃	冃	园	园		
奶	乚	乚	女	奶	奶				

第十五课 我感冒了

Wǒ gǎnmào le.
我感冒了。

 New Words

1. shūfu
   舒服 **to be well**

2. gǎnmào
   感冒 **to catch cold**

3. bìng
   病 **to be ill**

4. tóu
   头 **head**

5. téng
   疼 **ache , pain**

6. yǎnjing
   眼睛 **eye**

7. hóng
   红 **red**

8. dùzi
   肚子 **stomach**

 Sentence Patterns

Wǒ gǎnmào le.　　　　Tóu hěn téng.　　　　Tā shénme dìfang bù shūfu?
1.我感冒了。2.头很疼。3.他什么地方不舒服?

Tā yǎnjing hěn hóng.　　　Dùzi yě bù shūfu.
4.他眼睛很红。5.肚子也不舒服。

72

1. Read aloud.

1) A: Míngming, wǒmen qù tī zúqiú ba.
　　明明，我们去踢足球吧。

B: Wǒ bú qù.
　　我不去。

A: Nǐ bù shūfu ma?
　　你不舒服吗？

B: Wǒ gǎnmào le.
　　我感冒了。

A: Nǐ qù yīyuàn ma?
　　你去医院吗？

B: Wǒ xiànzài qù.
　　我现在去。

A: Zàijiàn.
　　再见。

B: Zàijiàn.
　　再见。

2) Zuótiān shì xīngqīwǔ, wǒ qù kàn diànyǐng. Zuótiān hěn lěng,
昨天是星期五，我去看电影。昨天很冷，
yě yǒu xiǎo yǔ. Jīntiān zǎoshang wǒ qī diǎn qǐchuáng, tóu téng,
也有小雨。今天早上我七点起床，头疼，
yǎnjing hěn hóng, dùzi yě bù shūfu. Wǒ bìng le.
眼睛很红，肚子也不舒服。我病了。

2. Number the words according to the tape.

tóu	gǎnmào	téng	bìng
头	感冒	疼	病
			①
yǎnjing	dùzi	shūfu	hóng
眼睛	肚子	舒服	红

3. Put a ✓ under the correct picture.

1)

2)

3)

4)

5)

4. Read aloud.

1)
tóu   yǎnjing   dùzi
头   眼睛   肚子

2)
téng   tóu téng   yǎnjing téng   dùzi téng
疼   头疼   眼睛疼   肚子疼

3)
bìng   bìngle   wǒ bìngle
病   病了   我病了

4)
gǎnmào   gǎnmàole   wǒ gǎnmàole
感冒   感冒了   我感冒了

5)
shūfu   bù shūfu   yǎnjing bù shūfu   dùzi yě bù shūfu
舒服   不舒服   眼睛不舒服   肚子也不舒服

5. Make dialogues according to the pictures below.

1)
Nǐ bù shūfu ma?
A: 你不舒服吗?

Wǒ gǎnmàole.
B: 我感冒了。

Tóu téng ma?
A: 头疼吗?

Tóu hěn téng.
B: 头很疼。

2) A: 你……? *Nǐ……?*

B: 我病了。 *Wǒ bìngle.*

A: ……?
B: 头不疼，肚子疼。 *Tóu bù téng, dùzi téng.*

3) A: 你不舒服吗？ *Nǐ bù shūfu ma?*

B: 我不舒服。 *Wǒ bù shūfu.*

A: 什么地方不舒服？ *Shénme dìfang bù shūfu?*
B: 肚子不舒服。 *Dùzi bù shūfu.*

4) A: ……?
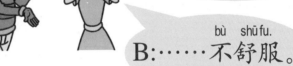
B: 我不舒服。 *Wǒ bù shūfu.*

A: 什么地方不舒服？ *Shénme dìfang bù shūfu?*
B: ……不舒服。 *……bù shūfu.*

 6. Read and match.

1) 我病了。 *Wǒ bìngle.*

2) 我眼睛不舒服。 *Wǒ yǎnjing bù shūfu.*

3) 我头疼。 *Wǒ tóu téng.*

4) 我感冒了。 *Wǒ gǎnmàole.*

5) 我肚子疼。 *Wǒ dùzi téng.*

a)

b)

c)

d)

e)

7 . Translation .

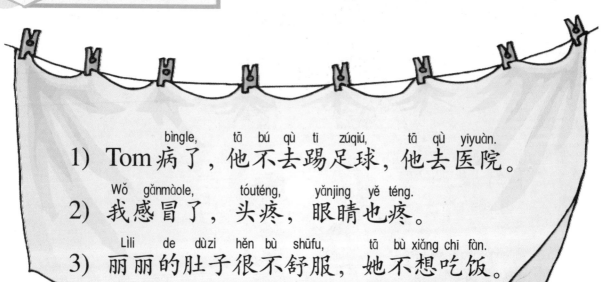

1) Tom 病了，他不去踢足球，他去医院。
　　bìngle,　　tā bú qù tī zúqiú,　　tā qù yīyuàn.

2) 我感冒了，头疼，眼睛也疼。
　　Wǒ gǎnmàole,　tóuténg,　yǎnjing yě téng.

3) 丽丽的肚子很不舒服，她不想吃饭。
　　Lìli de dùzi hěn bù shūfu,　tā bù xiǎng chī fàn.

8 . Write characters .

病　｀　亠　广　广　疒　疒　疒　病　病　病

头　｀　丷　丬　头　头

疼　｀　亠　广　广　疒　疒　疒　疼　疼　疼

肚　丿　刀　月　月　月　肚　肚

服　丿　刀　月　月　月　朋　服　服

单元小结

1.某天＋（不）是＋晴天	例句：今天是晴天。 昨天不是晴天。
2.某天＋有＋天气情况	例句：明天有小雨。 昨天有风。
3.某地＋的＋时间词语＋常常＋天气情况	例句：北京的春天常常有风。 上海的秋天常常有雨。
4.时间词语＋是＋某地＋最好的＋季节	例句：秋天是北京最好的季节。 春天是香港最好的季节。
5.某地＋的＋时间词语＋不冷也不热	例句：北京的秋天不冷也不热。 香港的春天不冷也不热。
6.某人＋在＋某处＋里＋动词（＋词组）	例句：奶奶在公园里散步。 哥哥在厨房里吃面条。 学生在教室里学习汉语。
7.某人＋在＋某处＋上＋动词（＋词组）	例句：孩子在草地上跑。 运动员在运动场上打篮球。
8.某人＋每天＋时间词语＋在＋某处＋动词（＋词组）	例句：爷爷每天早上在湖边打太极拳。 我每天晚上在房间上网。
9.某人＋动词（＋词组）＋了	例句：他病了。 我感冒了。
10.身体某处＋疼	例句：头疼。 肚子疼。
11.身体某处＋不舒服	例句：眼睛不舒服。 肚子不舒服。

第十六课 我喜欢你衣服的颜色

Wǒ xǐhuan nǐ yīfu de yánsè.

我喜欢你衣服的颜色。

 New Words

1.	hóng sè 红(色) red	2.	kùzi 裤子 trousers
3.	bái sè 白(色) white	4.	xié 鞋 shoes
5.	liúxíng 流行 popular	6.	yánsè 颜色 colour
7.	yuèláiyuè 越来越 more and more	8.	chuān 穿 to wear, to put on
9.	xīn 新 new	10.	lán sè 蓝(色) blue

黑色 黄色 绿色 粉色

Sentence Patterns

Wǒ xǐhuan nǐ yifu de yánsè.
1.我喜欢你衣服的颜色。

Zhè shì jīnnián zuì liúxíng de yánsè.
2.这是今年最流行的颜色。

Wǒmen chuān báisè de yùndòngxié.
3.我们穿白色的运动鞋。

Wǒmen sì diǎn kāishǐ tī zúqiú.
4.我们四点开始踢足球。

Rén yuèláiyuè duō.
5.人越来越多。

Wǒ yuèláiyuè xǐhuan Běijīng.
6.我越来越喜欢北京。

1. Read aloud.

nǐ de yifu zhēn piàoliang!
1) A：Ann，你的衣服真漂亮！

Xièxie!
B：谢谢！

Wǒ xǐhuan nǐ yifu de yánsè.
A：我喜欢你衣服的颜色。

Zhè shì jīnnián zuì liúxíng de yánsè.
B：这是今年最流行的颜色。

Jīntiān tī zúqiú, wǒmen bān chuān hóngsè de yifu, báisè de yùn-
2) 今天踢足球,我们班穿红色的衣服,白色的运

dòngxié. Tāmen bān chuān báisè de yifu, yě chuān báisè de yùndòng-
动鞋。他们班穿白色的衣服,也穿白色的运动

xié. Hěn duō xuésheng lái kàn zúqiú, wǒmen sì diǎn kāishǐ tī zúqiú,
鞋。很多学生来看足球,我们四点开始踢足球,

xiànzài rén yuèláiyuè duō.
现在人越来越多。

2. Listening.

⑦				
chuān 穿	yánsè 颜色	yuèláiyuè 越来越	xīn 新	yīfu 衣服

3. Listen and choose.

① ② ③

			喜欢
Ann	②		
小海			

4. Read aloud.

1) hóng 红　hóngsè 红色　bái 白　báisè 白色　lán 蓝　lánsè 蓝色

2) hóng yīfu 红衣服　lán kùzi 蓝裤子　bái yùndòngxié 白运动鞋

3) xǐhuan hóngsè de yīfu 喜欢红色的衣服　mǎi lánsè de kùzi 买蓝色的裤子　chuān báisè de yùndòngxié 穿白色的运动鞋

4) yuèláiyuè 越来越　Běijīng yuèláiyuè piàoliang 北京越来越漂亮　wǒ yuèláiyuè xǐhuan Běijīng 我越来越喜欢北京

Hànyǔkè yuèláiyuè yǒuyìsi 汉语课越来越有意思　wǒ de Hànyǔ yuèláiyuè hǎo 我的汉语越来越好

1)

Nǐ zài nǎr?
你在哪儿？

Wǒ zài
我在_____。

Xiānggǎng rè ma?
Mike，香港热吗？

Xiānggǎng yuèláiyuè rèle.
香港越来越热了。

2)

jīntiān wǎnshang nǐ
Ann，今天晚上你

chuān shénme yánsè de yīfu?
穿什么颜色的衣服？

Wǒ chuān báisè de yīfu.
我穿白色的衣服。

Nǐ chuān shénme yánsè de xié?
你穿什么颜色的鞋？

Wǒ yě chuān báisè de xié.
我也穿白色的鞋。

3)

Nǐ zài nǎr?
你在哪儿？

Wǒ zài
我在_____。

Běijīng lěng ma?
北京冷吗？

_____。

4)

Xiǎohóng, míngtiān tǐyùkè
小红，明天体育课

nǐ chuān de yīfu?
你穿____的衣服？

_____。

Nǐ chuān de xié?
你穿_____的鞋？

_____。

81

5)

nǐ mǎi shénme
Ann，你买什么
yánsè de yīfu?
颜色的衣服？

_____?

Zhè shì jīnnián zuì liúxíng de yánsè, zhēn piàoliang!
这是今年最流行的颜色，真漂亮！

6. Match the Chinese with the English.

1. hóng sè
   红色

2. bái sè
   白色

3. yán sè
   颜色

4. xīn
   新

5. xié
   鞋

6. kùzi
   裤子

7. liú xíng
   流行

8. chuān
   穿

9. yuè lái yuè
   越来越

10. lán sè
    蓝色

a) shoes

b) colour

c) popular

d) to wear, to put on

e) new

f) red

g) trousers

h) more and more

i) white

j) blue

82

7 . Translation .

Jīntiān   chuān yí jiàn lán yīfu,   wǒ xǐhuan   de yīfu de yánsè.
1) 今天Ann穿一件蓝衣服，我喜欢Ann的衣服的颜色。

Zuótiān wǒ mǎile xīn xié,   wǒ xǐhuan xīn xié de yánsè.
2) 昨天我买了新鞋，我喜欢新鞋的颜色。

Jīntiān wǒmen shàngle Hànyǔkè,   Hànyǔkè   yuèláiyuè   yǒuyìsi.
3) 今天我们上了汉语课，汉语课越来越有意思。

Wǒ jiā de huāyuán li yǒu hěn duō hónghuā,   xiànzài huāyuán yuèláiyuè piàoliang.
4) 我家的花园里有很多红花，现在花园越来越漂亮。

8 . Write characters .

红 ∠ 幺 纟 纟 纟 红 红

色 ′ ⺈ ⺈ ⺈ 色 色

新 ` ⼆ ⺊ ⽴ 立 辛 辛 亲 亲

新 新 新

运 一 ⼆ 云 云 运 运 运

动 一 ⼆ 云 云 动 动

gāo gāo shān shang yì tiáo téng

高高山上一条藤

Gāo gāo shān shang yì tiáo téng,

高高山上一条藤，

Téngtiáo tóu shang guà tónglíng.

藤条头上挂铜铃。

Fēng chuī téng dòng tónglíng dòng,

风吹藤动铜铃动，

Fēng tíng téng tíng tónglíng tíng.

风停藤停铜铃停。

A Vine on the High Mountain

There is a vine on the high mountain. A copper bell is hung at the end of the vine. The bell moves together with the vine when the wind blows. The bell stops with the vine when the wind stops.

 New Words

1. jùyuàn 剧院 theatre
2. jīngjù 京剧 Beijing Opera
3. piào 票 ticket
4. biǎoyǎn 表演 performance
5. gāoxìng 高兴 happy, glad
6. niánqīngrén 年轻人 young people, younger generation
7. lǎoniánrén 老年人 old people, older generation
8. chàngpiàn 唱片 record, vinyl(disc)

Sentence Patterns

Xīngqīliù nǐ qù jùyuàn kàn jīngjù ma?
1. 星期六你去剧院看京剧吗？

Wǒ hé bàba qù jùyuàn kàn jīngjù.
2. 我和爸爸去剧院看京剧。

Wǒ gēn bàba yíyàng xǐhuan jīngjù.
3. 我跟爸爸一样喜欢京剧。

Jīngjù piào bú guì.
4. 京剧票不贵。

Zhè shì yí ge xīn diànyǐng.
5. 这是一个新电影。

 1. Read aloud.

1)
Nǐ xǐhuan jīngjù ma?
A：你喜欢京剧吗？

Wǒ xǐhuan jīngjù.
B：我喜欢京剧。

Xīngqīliù nǐ qù kàn jīngjù ma?
A：星期六你去看京剧吗？

Wǒ qù kàn jīngjù.
B：我去看京剧。

Nǐ yǒu piào ma?
A：你有票吗？

Wǒ yǒu piào.
B：我有票。

2)
Jīntiān shì xīngqīliù, bàba qù jùyuàn kàn jīngjù, wǒ yě qù,
今天是星期六，爸爸去剧院看京剧，我也去，

wǒ hěn gāoxìng! Bàba xǐhuan jīngjù, wǒ gēn bàba yíyàng xǐhuan jīngjù.
我很高兴！爸爸喜欢京剧，我跟爸爸一样喜欢京剧。

Jùyuàn zài diànyǐngyuàn pángbiān, bàba kāichē qù.
剧院在电影院旁边，爸爸开车去。

 2. Listen and number the pictures or the words according to the tape.

④			

 **3. Listen and choose with ✓ or ✕.**

		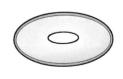		
wǒ 我	✕			
bàba 爸爸	✓			

 4. Read aloud.

1)
jīngjù　　　shūfǎ　　　tàijíquán
京剧　　　书法　　　太极拳

Bàba qù jùyuàn kàn jīngjù.
爸爸去剧院看京剧。

Māma qù xuéxiào xuéxí shūfǎ.
妈妈去学校学习书法。

Yéye qù hú biān dǎ tàijíquán, nǎinai yě qù hú biān dǎ tàijíquán.
爷爷去湖边打太极拳，奶奶也去湖边打太极拳。

2)
Déyǔ kè　　　Fǎyǔ kè　　　Hànyǔ kè
德语课　　　法语课　　　汉语课

Déyǔ kè yǒuyìsi, wǒ xǐhuan Déyǔ kè.
德语课有意思，我喜欢德语课。

Fǎyǔ kè hěn róngyì, tā xǐhuan Fǎyǔ kè.
法语课很容易，她喜欢法语课。

Hànyǔ kè hěn róngyì, yě hěn yǒuyìsi, wǒ gēn tā yíyàng xǐhuan Hànyǔ kè.
汉语课很容易，也很有意思，我跟她一样喜欢汉语课。

1)

Nǐ qù nǎr?
你去哪儿?

Wǒ qù jùyuàn kàn jīngjù.
我去剧院看京剧。

Jīngjù piào guì ma?
京剧票贵吗?

Jīngjù piào bú guì.
京剧票不贵。

2)

Nǐ bàba xǐhuan _____ ma?
你爸爸喜欢_____吗?

Wǒ bàba
我爸爸_____。

Nǐ ne?
你呢?

Wǒ gēn bàba yí-
我跟爸爸一
yàng xǐhuan jīngjù.
样喜欢京剧。

3)

Nǐ qù nǎr?
你去哪儿?

kàn diànyǐng
_____看电影,
Zhè shì yí ge xīn diànyǐng.
这是一个新电影。

Diànyǐng piào
电影票_____?

_____。

4)

Lǎoniánrén
老年人 _____?

_____。

Niánqīngrén
年轻人 _____?

_____。

 6. Match the Chinese with the English.

biǎoyǎn
1. 表演

niánqīngrén
2. 年轻人

lǎoniánrén
3. 老年人

jīngjù
4. 京剧

jùyuàn
5. 剧院

piào
6. 票

chàngpiàn
7. 唱片

gāoxìng
8. 高兴

a) old people

b) Beijing Opera

c) ticket

d) young people

e) record

f) theatre

g) happy

h) performance

7. Translation.

1) *Wǒ xiǎng kàn jīngjù,   bàba   xīngqīsì   qù mǎi piào,   wǒ hěn gāoxìng.*
    我想看京剧，爸爸星期四去买票，我很高兴。

2) *Xīngqīwǔ wǎnshang,   bàba   qù jùyuàn kàn jīngjù,   māma qù,   wǒ yě qù.*
    星期五晚上，爸爸去剧院看京剧，妈妈去，我也去。

3) *Wǒ hěn xǐhuan   jīngjù   biǎoyǎn,   wǒ xiǎng zuò jīngjù yǎnyuán.*
    我很喜欢京剧表演，我想做京剧演员。

4) *xǐhuan   jīngjù,   xǐhuan   shūfǎ,   gēn   yíyàng xǐ-*
    Mike 喜欢京剧，Ann 喜欢书法，Ann 跟 Mike 一样喜

    huan Zhōngguó.
    欢中国。

8. Write characters .

唱	丨	口	口	叮	叩	唱	唱	唱	唱	唱
	唱									

票	一	亠	覀	兩	襾	西	覀	票	票	
	票									

老	一	十	土	耂	老	老				

兴	丶	丷	丷	兴	兴	兴				

剧	フ	尸	尸	尸	屏	居	居	居	剧	

Yīnyuèhuì kuàiyào kāishǐ le.
音乐会快要开始了。

 New Words

yīnyuèhuì
1. 音乐会 concert

kuàiyào
2. 快要 to be about to , to be going to

dōu
3. 都 all

tīng
4. 听 to listen

dìngpiào
5. 订票 to reserve a ticket

xiūxi
6. 休息 a break, to have a rest

huí
7. 回 to return

Sentence Patterns

Yīnyuèhuì kuàiyào kāishǐ le.
1. 音乐会快要开始了。

Wǒmen zǒu ba.
2. 我们走吧。

Měi ge dōu hěn hǎo.
3. 每个CD都很好。

Měi ge rén dōu xǐhuan Zhōngguó yīnyuè.
4. 每个人都喜欢中国音乐。

Nǐmen zěnme dìng piào?
5. 你们怎么订票？

1. Read aloud.

Jīntiān wǎnshang yǒu yí ge Zhōngguó yīnyuèhuì, nǐ qù ma?
1) A：今天晚上有一个中国音乐会，你去吗？

Wǒ qù, nǐ ne?
B：我去，你呢？

Wǒ yě qù.
A：我也去。

Yīnyuèhuì jǐ diǎn kāishǐ?
B：音乐会几点开始？

Wǎnshang bā diǎn.
A：晚上八点。

Yīnyuèhuì kuàiyào kāishǐ le, wǒmen zǒu ba!
B：音乐会快要开始了，我们走吧！

Jīntiān shì xīngqīliù, wǒmen xiūxi. Wǒ hé péngyou qù tīng yīnyuè-
2) 今天是星期六，我们休息。我和朋友去听音乐

huì, zhè shì yí ge Zhōngguó yīnyuèhuì. Wǒmen dōu xǐhuan Zhōngguó yīnyuè.
会，这是一个中国音乐会。我们都喜欢中国音乐。

Wǒ mǎile hěn duō Zhōngguó yīnyuè de Měi ge dōu hěn hǎo.
我买了很多中国音乐的CD。每个CD都很好。

2 . Listen and number the words according to the tape.

音乐会 concert	快要 to be about to	都 all	听 to listen
⑤			
订票 to reserve a ticket	开始 to begin	休息 a break, to have a rest	回 to go back

3 . Listen and choose with ✓ or ×.

	jīntiān 今天	wǎnshang bā diǎn 晚上八点	wǒmen qù tīng 我们去听	mǎi 买 CD
Zhōngguó yīnyuè 中国音乐	✓			
Yīngguó yīnyuè 英国音乐	×			

4 . Read aloud .

1) měi píng   měi jīn   měi jiàn   měi ge
每瓶　每斤　每件　每个

měi zhī   měi zhī xiǎo māo dōu hěn piàoliang
每只　每只小猫都很漂亮

měitiān   měitiān dōu yǒu zuòyè
每天　每天都有作业

měi xīngqī   měi xīngqī dōu yǒu kǎoshì
每星期　每星期都有考试

měi nián   měi nián dōu qù Zhōngguó
每年　每年都去中国

měi ge rén　　měi ge rén dōu xǐhuan Zhōngguó yīnyuè
每个人　　每个人都喜欢中国音乐

měi ge　　　　měi ge　　　　dōu hěn hǎotīng
每个CD　　每个CD 都很好听

měi ge fángjiān　　měi ge fángjiān dōu hěn gānjìng
每个房间　　每个房间都很干净

shàng kè　　gōngzuò　　xiūxi　　lǚyóu
2) 上课　工作　休息　旅游

huí jiā　　huí Zhōngguó　　huí Yīngguó
3) 回家　回中国　回英国

bǐsài kuàiyào kāishǐ le　　　　　　yīnyuèhuì kuàiyào kāishǐ le
4) 比赛快要开始了　　　　音乐会快要开始了

Hànyǔkè kuàiyào kāishǐ le　　　　jīngjù biǎoyǎn kuàiyào kāishǐ le
汉语课快要开始了　　　　京剧表演快要开始了

5. Complete the dialogues according to the pictures below.

Xiànzài jǐ diǎn?
1) A：现在几点?

Liǎng diǎn bàn.
B：两点半。

Bǐsài kuàiyào kāishǐ le.
A：比赛快要开始了。

Wǒmen zǒu ba!
B：我们走吧!

Shéi xiǎng kàn jīngjù?
2) A：谁想看京剧?

Wǒ xiǎng kàn　　　　　　　hé
B：我想看，_____和 _____

yě
也 _____。

Nǐmen zěnme dìng piào?
A：你们怎么订票?

shàngwǎng dìng piào.
B：____上网订票。

94

3) A : _____ 足球比赛?
        zúqiú   bǐsài?

    B : _____，爸爸、妈妈
                    bà ba、   mā ma
        和姐姐 _____。
        hé jiějie

    A : 每 _____ 都 _____。
        Měi   dōu

    B : _____ 订票?
                      dìng piào?

    A : _____。

6 . Match the Chinese with the English .

1. 音乐会   yīnyuè huì   a) concert

2. 快要   kuàiyào   b) all

3. 都   dōu   c) a break

4. 听   tīng   d) to return

5. 开始   kāishǐ   e) to begin

6. 休息   xiū xi   f) to listen

7. 回   huí   g) to be going to

7. Translation.

Yīnyuèhuì kuàiyào kāishǐ le, wǒmen zǒu ba!
1) 音乐会快要开始了，我们走吧！

Wǒmen jiā gēn jiā yíyàng, měi ge rén dōu xǐhuan Zhōngguó yīnyuè.
2) 我们家跟 Ann 家一样，每个人都喜欢中国音乐。

Nǐ xiǎng hē kāfēi ma? Kuàiyào xiūxi le, wǒ qù mǎi kāfēi.
3) 你想喝咖啡吗？快要休息了，我去买咖啡。

Wǒmen qù tǐyùguǎn kàn tàijíquán biǎoyǎn, wǒmen bān dōu qù, nǐmen
4) 我们去体育馆看太极拳表演，我们班都去，你们

bān ne?
班呢？

Jīntiān de Zhōngguó yīnyuèhuì zhēn hǎo! Měi ge rén dōu hěn gāoxìng!
5) 今天的中国音乐会真好！每个人都很高兴！

 8. Write characters.

回 丨 冂 冂 冋 回 回

快 丶 丷 忄 忄 忄 快 快

订 丶 讠 计 订

听 丨 口 口 吖 听 听 听

休 丿 亻 什 什 休 休

96

单元小结

1.某人₁＋喜欢＋某人₂＋某物＋的颜色	例句：我喜欢她衣服的颜色。 小红喜欢小海运动鞋的颜色。
2.这/那＋是＋今年＋最流行的＋名词	例句：这是今年最流行的颜色。 那是今年最流行的衣服。
3.某人＋穿＋某颜色的服装	例句：小海穿红色的裤子。 我们穿白色的运动鞋。
4.主语＋时间词＋开始＋动词＋宾语	例句：他们四点开始踢足球。 我们九点开始上汉语课。
5.主语＋越来越＋形容词	例句：人越来越多。 北京越来越漂亮。
6.主语＋越来越＋动词＋宾语	例句：她越来越喜欢北京。 我们越来越喜欢汉语课。
7.某人₁＋和＋某人₂＋去＋某地＋动词＋宾语	例句：我和爸爸去剧院看京剧。 爷爷和奶奶去湖边打太极拳。
8.某人₁＋跟＋某人₂＋一样＋喜欢＋宾语	例句：我跟爸爸一样喜欢京剧。 我跟他一样喜欢汉语课。
9.主语＋快要＋动词＋了	例句：比赛快要开始了。 京剧表演快要开始了。
10.每个＋名词＋都＋很＋形容词/动词＋宾语	例句：每个CD都很好听。 每个人都喜欢中国音乐。
11.主语＋怎么＋动词（＋宾语）	例句：我们怎么订票？ 我们怎么去中国？

第十九课 我跟你一起看

Wǒ xǐhuan kàn tǐyù jiémù.
我喜欢看体育节目。

Hǎo, wǒ gēn nǐ yìqǐ kàn.
好，我跟你一起看。

 New Words

xīnwén
1. 新闻 news

tiānqì
2. 天气 weather

yùbào
3. 预报 forecast

shíhou
4. 时候 time

yìqǐ
5. 一起 together

bǐsài
6. 比赛 match, competition

jiàoyù
7. 教育 education

hǎo
8. 好 okay, all right

Sentence Patterns

Wǒ xǐhuan kàn diànshì jiémù.
1.我喜欢看电视节目。

Wǒ gēn nǐ yìqǐ kàn.
2.我跟你一起看。

Hǎo, wǒmen yìqǐ kàn.
3.好，我们一起看。

Tǐyù jiémù shénme shíhou kāishǐ?
4.体育节目什么时候开始？

Wǒ bù xǐhuan dǎ lánqiú.
5.我不喜欢打篮球。

 1. Read aloud .

Jīntiān yǒu shénme diànshì jiémù?
1) A：今天有什么电视节目？

Yǒu xīnwén hé tǐyù jiémù, hái yǒu tiānqì yùbào.
B：有新闻和体育节目，还有天气预报。

Wǒ bù xǐhuan kàn tiānqì yùbào, tǐyù jiémù shénme shíhou kāishǐ?
A：我不喜欢看天气预报，体育节目什么时候开始？

Bā diǎn kāishǐ, shì lánqiú bǐsài, wǒ gēn nǐ yìqǐ kàn.
B：八点开始，是篮球比赛，我跟你一起看。

Hǎo, wǒmen yìqǐ kàn.
A：好，我们一起看。

Wǒ hé bàba xǐhuan kàn tǐyù jiémù, wǒmen zuì xǐhuan kàn zúqiú.
2) 我和爸爸喜欢看体育节目，我们最喜欢看足球。

Māma xǐhuan kàn xīnwén hé tiānqì yùbào, hái xǐhuan kàn jiàoyù jiémù.
妈妈喜欢看新闻和天气预报，还喜欢看教育节目。

Wǒ chángcháng gēn bàba yìqǐ kàn diànshì.
我常常跟爸爸一起看电视。

2 . Number the words according to the tape .

xīnwén 新闻	tǐyù 体育	tiānqì yùbào 天气预报	jiémù 节目	shénme shíhou 什么时候	yìqǐ 一起	jiàoyù 教育	bǐsài 比赛
	①						

3 . Listen and put ✓ or × .

Wǒ xǐhuan kàn tǐyù jiémù.
1) 我喜欢看体育节目。（　　）

Xīnwén qī diǎn kāishǐ.
2) 新闻七点开始。（　　）

Tā gēn māma yìqǐ kàn diànshì.
3) 他跟妈妈一起看电视。（　　）

4 . Read and match .

1) 喜欢看京剧

2) 喜欢听音乐会

3) 不喜欢踢足球

4) 什么时候开始

5) 什么时候上课

6) 我跟朋友一起看比赛

7) 他跟爸爸一起去中国

a) shénme shíhou kāishǐ

b) xǐhuan kàn jīngjù

c) wǒ gēn péngyou yìqǐ kàn bǐsài

d) shénme shíhou shàngkè

e) xǐhuan tīng yīnyuèhuì

f) bù xǐhuan tī zúqiú

g) tā gēn bàba yìqǐ qù Zhōngguó

100

5. Read dialogues and make similar dialogues with the words given.

1) A: Nǐ xǐhuan kàn shénme diànshì jiémù?
你喜欢看什么电视节目？

B: Wǒ xǐhuan kàn xīnwén.
我喜欢看新闻。

A: Xīnwén shénme shíhou kāishǐ?
新闻什么时候开始？

B: Xīnwén qī diǎn kāishǐ.
新闻七点开始。

tiānqì yùbào 天气预报	19:30
tǐyù jiémù 体育节目	20:00
jiàoyù jiémù 教育节目	20:30
tǐyù bǐsài 体育比赛	21:00

2) A: Wǒ xiǎng qù shāngdiàn, nǐ xiǎng qù ma?
我想去商店，你想去吗？

B: Shénme shíhou qù?
什么时候去？

A: Xiànzài.
现在。

B: Hǎo, wǒ gēn nǐ yìqǐ qù.
好，我跟你一起去。

qù túshūguǎn 去图书馆	jīntiān wǎnshang 今天晚上
kàn diànyǐng 看电影	míngtiān wǎnshang 明天晚上
qù Běijīng 去北京	jīnnián qiūtiān 今年秋天

6. Read and match.

1) Tā xǐhuan kàn diànshì,
他喜欢看电视，
yě xǐhuan kàn diànyǐng.
也喜欢看电影。

2) Tā bù xǐhuan mǎi dōngxi.
他不喜欢买东西。

3) Wǒ xiǎng gēn péngyou yìqǐ
我想跟朋友一起
qù Zhōngguó.
去中国。

4) Zúqiú bǐsài shénme shíhou
足球比赛什么时候
kāishǐ?
开始？

5) Jīntiān yǒu jiàoyù jiémù ma?
今天有教育节目吗？

a) He does not like shopping.

b) He likes watching TV and he likes seeing movies too.

c) When will the football match begin?

d) Are there any educational programmes today?

e) I want to go to China with my friend.

101

7. Translation.

1) Wǒ bù xǐhuan dǎ lánqiú, gēge yě bù xǐhuan dǎ lánqiú, wǒ tiāntiān gēn tā
我不喜欢打篮球，哥哥也不喜欢打篮球，我天天跟他
yìqǐ tī zúqiú.
一起踢足球。

2) Wǒmen dōu xǐhuan kàn diànshì, bàba xǐhuan kàn tǐyù jiémù, māma xǐhuan
我们都喜欢看电视，爸爸喜欢看体育节目，妈妈喜欢
kàn jiàoyù jiémù, wǒ xǐhuan kàn xīnwén hé zúqiú bǐsài.
看教育节目，我喜欢看新闻和足球比赛。

3) Wǒ xǐhuan kàn Zhōngguó diànyǐng, yě xǐhuan xuéxí Hànyǔ, wǒ xiǎng jīnnián qù Běi-
我喜欢看中国电影，也喜欢学习汉语，我想今年去北
jīng, nǐ ne? Nǐ xiǎng qù Běijīng ma? Nǐ xiǎng shénme shíhou qù?
京，你呢？你想去北京吗？你想什么时候去？

8. Write characters.

气　ノ　　气　气

报　一　亅　扌　护　护　报　报

时　丨　冂　日　日　时　时

体　ノ　亻　仁　仕　休　体　体

育　丶　亠　六　玄　产　育　育

9. Pronunciation practice.

Yì nián zhī jì zài yú chūn,
一年之计在于春，
The most important time in a year is spring.

Yí rì zhī jì zài yú chén.
一日之计在于晨。
The most important time in a day is morning.

第二十课 他的表演好极了

Tā de biǎoyǎn hǎo jí le!
他的表演好极了!

Tā shì Yàzhōu de.
他是亚洲的。

Yīnwèi jīntiān yǒu kè, suǒyǐ wǒmen míngtiān qù.
因为今天有课,所以我们明天去。

 New Words

1. jí
极 extremely

2. Ōuzhōu
欧洲 Europe

3. Yàzhōu
亚洲 Asia

4. yǒumíng
有名 famous

5. guójì
国际 international

6. Fǎguó
法国 France

7. yīnwèi
因为 because

8. suǒyǐ
所以 so , therefore

9. tāmen de
他们的 their, theirs

Sentence Patterns

Tā de biǎoyǎn hǎo jí le!
1.他的表演好极了！

Tā shì Yàzhōu de.
2.他是亚洲的。

Tā shì Zhōngguó zuì yǒumíng de yǎnyuán.
3.他是中国最有名的演员。

Zhège diànyǐng shì Ōuzhōu de.
4.这个电影是欧洲的。

Yīnwèi jīntiān yǒu kè, suǒyǐ wǒmen jīntiān bú qù, wǒmen míngtiān qù.
5.因为今天有课，所以我们今天不去，我们明天去。

1．Read aloud．

Wǒ jīntiān kànle Chéng Lóng de diànyǐng, tā de biǎoyǎn hǎo jí le!
1) A：我今天看了成龙的电影，他的表演好极了！

Chéng Lóng shì Xiānggǎng de yǎnyuán ba?
B：成龙是香港的演员吧？

Shì, tā shì Yàzhōu zuì yǒumíng de yǎnyuán, yě shì guójì yǒumíng de yǎnyuán.
A：是，他是亚洲最有名的演员，也是国际有名的演员。

Wǒ yě xiǎng kàn tā de diànyǐng.
B：我也想看他的电影。

Xiànzài diànyǐngyuàn yǒu yí ge hěn hǎo de diànyǐng, shì Fǎguó de, wǒ
2) 现在电影院有一个很好的电影，是法国的，我

xiǎng gēn péngyou yìqǐ qù kàn. Yīnwèi jīntiān yǒu kè, suǒyǐ wǒmen jīntiān
想跟朋友一起去看。因为今天有课，所以我们今天

bú qù, wǒmen míngtiān qù.
不去，我们明天去。

2．Mark the words you hear on the tape．

diànyǐng 电影	yǒumíng 有名	yǎnyuán 演员	Yàzhōu 亚洲	Ōuzhōu 欧洲
✓				
guì jí le 贵极了	guójì 国际	Yīngwén 英文	yīnwèi 因为	suǒyǐ 所以

3. Listen and put ✓ or ✗.

1) Tā de biǎoyǎn hěn hǎo.
他的表演很好。（　　　）

2) Zhège diànyǐng shì Ōuzhōu de
这个电影是欧洲的。（　　　）

3) Tā hěn yǒumíng.
他很有名。（　　　）

4) Wǒ jīntiān gǎnmàole.
我今天感冒了。（　　　）

4. Read and match.

1) 有名的地方

2) 亚洲的电影

3) 他的表演好极了

4) 漂亮极了

5) 这是亚洲的

6) 因为头疼，所以不上课

a. zhè shì Yàzhōu de

b. Yàzhōu de diànyǐng

c. Yīnwèi tóuténg, suǒyǐ bú shàngkè

d. yǒumíng de dìfang

e. tā de biǎoyǎn hǎo jí le

f. piàoliang jí le

5. Complete the dialogues with the words given.

1) A: Zhè shì Fǎguó diànyǐng ma?
这是法国电影吗？

B: Bú shì, zhè shì Zhōngguó de.
不是，这是中国的。

A: Zhōngguó diànyǐng hǎokàn ma?
中国电影好看吗？

B: Hǎokàn, tāmen de biǎoyǎn hǎo jí le.
好看，他们的表演好极了。

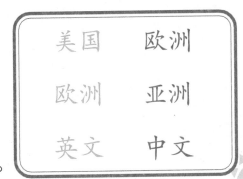

美国	欧洲
欧洲	亚洲
英文	中文

2) A: 这个电影有名吗?
Zhège diànyǐng yǒumíng ma?

   B: 很有名，这是现在最有名的电影。
Hěn yǒumíng, zhè shì xiànzài zuì yǒumíng de diànyǐng.

   A: 你去看吗?
Nǐ qù kàn ma?

   B: 因为今天上课，所以我明天去。
Yīnwèi jīntiān shàngkè, suǒyǐ wǒ míngtiān qù.

电视节目	头疼	今天不看
京剧	不舒服	明天去
体育比赛	下雨	今天不去

6. Read and match.

1) 这不是欧洲电影，
Zhè bú shì Ōuzhōu diànyǐng,
这是亚洲的。
zhè shì Yàzhōu de.

2) 他是国际最有名
Tā shì guójì zuì yǒumíng
的演员。
de yǎnyuán.

3) 那个地方漂亮极了。
Nàge dìfang piàoliang jí le.

4) 因为有意思，所以
Yīnwèi yǒuyìsi, suǒyǐ
我们喜欢。
wǒmen xǐhuan.

5) 因为他的表演好极
Yīnwèi tā de biǎoyǎn hǎo jí
了,所以我们喜欢他
le, suǒyǐ wǒmen xǐhuan tā
的电影。
de diànyǐng.

a) That place is extremely beautiful.

b) This is not a European film, it's an Asian one.

c) His performance is extremely good, so we like his films.

d) He is the most famous actor in the world.

e) It's interesting so we like it.

7. Translation.

1) Tā shì Ōuzhōu zuì yǒumíng de yǎnyuán, wǒ xǐhuan kàn tā de diànyǐng,
他是欧洲最有名的演员，我喜欢看他的电影，
tā de biǎoyǎn hǎo jí le.
他的表演好极了。

2) Zhè shì yí ge guójì yǒumíng de diànyǐng, shì Yàzhōu de, diànyǐng hěn
这是一个国际有名的电影，是亚洲的，电影很
yǒuyì si, wǒmen dōu xǐhuan kàn.
有意思，我们都喜欢看。

3) Yīnwèi tā xǐhuan kàn Zhōngguó diànyǐng, suǒyǐ tā kāishǐ xuéxí Hànyǔ,
因为他喜欢看中国电影，所以他开始学习汉语，
tā hái xiǎng qù Zhōngguó.
他还想去中国。

4) Yīnwèi jīntiān xià yǔ, suǒyǐ bú zài yùndòngchǎng shàng tǐyùkè, wǒ-
因为今天下雨，所以不在运动场上体育课，我
men zài tǐyùguǎn xué tàijíquán, wǒmen gāoxìng jí le.
们在体育馆学太极拳，我们高兴极了。

8. Write characters.

极	一	十	才	木	材	极	极			
因	丨	冂	冈	用	困	因				
为	丶	为	为	为						
所	ノ	厂	斤	斤	斤	所	所			
以	丶	レ	以	以						

107

 New Words

1. shǒujī 手机 mobile phone
2. guǎnggào 广告 advertisement
3. dìtiě 地铁 underground
4. shōuyīnjī 收音机 radio
5. zhōngxīn 中心 centre
6. shìzhōngxīn 市中心 city centre
7. shǒubiǎo 手表 watch
8. méi yǒu 没(有) have not

Sentence Patterns

Wǒ xiǎng mǎi yí ge shǒujī.
1. 我想买一个手机。

Nǎge hǎo?
2. 哪个好?

Nǐ kàn guǎnggào méiyǒu?
3. 你看广告没有?

Wǒ méi kàn shǒujī de guǎnggào.
4. 我没看手机的广告。

Wǒ kànle shǒubiǎo de guǎnggào.
5. 我看了手表的广告。

1. Read aloud.

Wǒ xiǎng mǎi yí ge shǒujī, nǎge hǎo?
1) A: 我想买一个手机, 哪个好?

Zhège hǎo. Nǐ kàn guǎnggào méiyǒu? Zhè shì Ōuzhōu zuì hǎo de shǒujī.
B: 这个好。你看广告没有?这是欧洲最好的手机。

Wǒ kànle. Diànshì li yǒu zhège guǎnggào.
A: 我看了。电视里有这个广告。

Dìtiě li yě yǒu.
B: 地铁里也有。

Wǒ xǐhuan guǎnggào, xǐhuan kàn diànshì li de guǎnggào, yě xǐhuan
2) 我喜欢广告, 喜欢看电视里的广告, 也喜欢

tīng shōuyīnjī li de guǎnggào, měi ge guǎnggào dōu hěn yǒuyìsi. Wǒ jīn-
听收音机里的广告, 每个广告都很有意思。我今

tiān zài shìzhōngxīn kànle yí ge shǒubiǎo de guǎnggào, piàoliang jí le.
天在市中心看了一个手表的广告, 漂亮极了。

2. Number the words according to the tape.

____ ____ ① ____ ____ ____ ____ ____

3 . Listen and put ✓ or × .

1) Báisè de shǒujī hǎo.
白色的手机好。（　　）

2) Shìzhōngxīn de guǎnggào bǐ dìtiě li de guǎnggào piàoliang.
市中心的广告比地铁里的广告漂亮。（　　）

3) Tā méi kàn shǒubiǎo de guǎnggào.
她没看手表的广告。（　　）

4 . Read and match .

1) nǎge piàoliang   a. 你看广告没有

2) wǒ kànle shǒubiǎo de guǎnggào   b. 我看了手表的广告

3) dìtiě li de yīnyuè   c. 他买票没有

4) shōuyīnjī li de guǎnggào   d. 他没有买票

5) shìzhōngxīn de huāyuán   e. 哪个漂亮

6) tā mǎi piào méiyǒu   f. 地铁里的音乐

7) nǐ kàn guǎnggào méiyǒu   g. 收音机里的广告

8) tā méiyǒu mǎi piào   h. 市中心的花园

5 . Make dialogues according to the pictures below.

1)

Wǒ xiǎng mǎi
我想买 _____ ，
nǎge piàoliang?
哪个漂亮？

Báisè de hǎo ma?
白色的好吗？

_____ 。

bǐ
_____ 比 _____ ，
Wǒ xǐhuan
我喜欢 _____ 。

2) A: Nǐ kàn guǎnggào méiyǒu?
你看广告没有？

B: Shénme guǎnggào?
什么广告？

A: Shǒubiǎo de guǎnggào, yǒuyìsi jí le.
手表的广告，有意思极了。

B: Wǒ méi kàn, nǐ gēn wǒ yìqǐ qù kàn ba.
我没看，你跟我一起去看吧。

买书	看电影	买票
中文书	成龙的电影	京剧票
去买	去看	去买

6. Read and match.

1) Diànshì li yǒu guǎnggào, shōuyīnjī
电视里有广告，收音机

li yě yǒu guǎnggào.
里也有广告。

2) Nǐ kàn jīntiān de tiānqì yùbào
你看今天的天气预报

méiyǒu?
没有？

3) Wǒ xǐhuan kàn dìtiě li de guǎnggào.
我喜欢看地铁里的广告。

4) Shìzhōngxīn yǒu liǎng ge huāyuán, nǎ-
市中心有两个花园，哪

ge piàoliang?
个漂亮？

5) Nǐ de diànnǎo gēn tā de bù yíyàng,
你的电脑跟他的不一样，

nǎge hǎo?
哪个好？

a) There are two gardens in the city centre. Which is nicer?

b) Did you see today's weather forecast?

c) There are ads on TV and on the radio.

d) Your computer is different from his. Which is better?

e) I like watching advertisements in the underground.

111

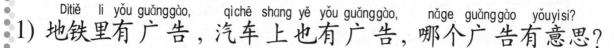

7. Translation.

1) Dìtiě li yǒu guǎnggào, qìchē shang yě yǒu guǎnggào, nǎge guǎnggào yǒuyìsi?
地铁里有广告，汽车上也有广告，哪个广告有意思？

2) Nǐ kàn shìzhōngxīn de guǎnggào méiyǒu? Nà shì yí ge yùndòngxié de guǎnggào,
你看市中心的广告没有？那是一个运动鞋的广告，
hǎo jí le!
好极了！

3) Shōuyīnjī li yǒu yīnyuè, shì Yàzhōu de yīnyuè, hěn yǒu yìsi. Diànshì li yǒu
收音机里有音乐，是亚洲的音乐，很有意思。电视里有
méiyǒu zhège yīnyuè?
没有这个音乐？

4) Nǐ kàn diànshì méiyǒu? Diànshì li yǒu zhège shǒubiǎo de guǎnggào. Zhège shǒu-
你看电视没有？电视里有这个手表的广告。这个手
biǎo shì Ōuzhōu zuì hǎo de shǒubiǎo, guì jí le.
表是欧洲最好的手表，贵极了。

8. Write characters.

手	一 二 三 手
话	丶 讠 讠 评 评 话 话
告	丿 牛 牛 告 告
心	心 心 心
表	一 二 丰 丰 表 表 表 表

单元小结

1.某人＋(不)喜欢＋动词＋名词	例句：我喜欢看电视节目。 我不喜欢打篮球。
2.好，某些人＋一起＋动词（＋宾语）	例句：好，我们一起去。 好，我们一起看电视。
3.某人₁＋跟＋某人₂＋一起＋动词（＋宾语）	例句：我跟你一起看。 我跟他一起打篮球。
4.主语＋什么时候＋开始？	例句：体育节目什么时候开始？ 比赛什么时候开始？
5.主语＋时间＋开始	例句：新闻七点开始。 体育节目六点半开始。
6.主语＋形容词＋极了！	例句：他的表演好极了！ 你的衣服漂亮极了！
7.主语＋是＋某地＋的	例句：他是亚洲的。 这个电影是欧洲的。
8.因为＋原因，所以＋结果	例句：因为今天有课，所以我们明天去。 因为今天下雨，所以不上体育课。
9.哪＋量词＋形容词？	例句：哪个好？ 哪件漂亮？
10.某人＋动词＋宾语＋没有？	例句：你看广告没有？ 你听音乐没有？
11.某人＋没(有)＋动词＋宾语	例句：我没看手机的广告。 他没有买电脑。

第二十二课 我去过故宫

Nǐ qùguo Zhōngguó ma?
你去过中国吗?

Wǒ qùguo Zhōngguó.
我去过中国。

Nǐ qùguo Shànghǎi ma?
你去过上海吗?

Wǒ méi qùguo Shànghǎi, wǒ qùguo Běijīng.
我没去过上海，我去过北京。
Wǒ qùguo Gùgōng hé Chángchéng.
我去过故宫和长城。

 New Words

shǔjià
1. 暑假 summer holidays

guò
2. 过 (aspectual particle)

Gùgōng
3. 故宫 the Imperial Palace

Chángchéng
4. 长城 the Great Wall

Táiwān
5. 台湾 Taiwan

Āijí
6. 埃及 Egypt

Lúndūn
7. 伦敦 London

Déguó
8. 德国 Germany

Sentence Patterns

Nǐ qùguo Gùgōng ma?
1.你去过故宫吗？

Wǒ qùguo Gùgōng.
2.我去过故宫。

Wǒ méi qùguo Chángchéng.
3.我没去过长城。

Tā shǔjià qùle shénme dìfang?
4.他暑假去了什么地方？

Jīnnián shǔjià tā gēn péngyou yìqǐ qùle Déguó.
5.今年暑假她跟朋友一起去了德国。

1. Read aloud.

1) 　　Nǐ shǔjià qùle shénme dìfang?
A:你暑假去了什么地方？

　　Wǒ qùle Běijīng hé Táiwān.
B:我去了北京和台湾。

　　Wǒ yě qùguo Běijīng.
A:我也去过北京。

　　Nǐ qùguo Gùgōng ma?
B:你去过故宫吗？

　　Wǒ qùguo Gùgōng, hái qùguo Chángchéng.
A:我去过故宫，还去过长城。

　　Nǐ qùguo Táiwān ma?
B:你去过台湾吗？

　　Wǒ méi qùguo Táiwān.
A:我没去过台湾。

2) 　　　méi qùguo Déguó, jīnnián shǔjià tā gēn péngyou yìqǐ qùle
Ann没去过德国，今年暑假她跟朋友一起去了

Déguó. Shǔjià Déguó yǒu hěn hǎo de yīnyuèhuì, hé péngyou kàn
德国。暑假德国有很好的音乐会，Ann和朋友看

Ōuzhōu yǎnyuán hé Měiguó yǎnyuán de biǎoyǎn, tāmen de biǎoyǎn hǎo jí le.
欧洲演员和美国演员的表演，他们的表演好极了。

yě méi qùguo Fǎguó, tā hái xiǎng zuò huǒchē qù Fǎguó.
Ann也没去过法国，她还想坐火车去法国。

2. Listen and number the words according to the tape.

Germany	London	Taiwan	Tian'anmen Square	Canada
		①		
U.S.A.	France	the Imperial Palace	the Great Wall	Egypt

3. Listen to the tape and fill the table with the words from the box.

Fǎguó A 法国　　Guǎngzhōu B 广州　　Měiguó C 美国　　Táiwān D 台湾　　Āijí E 埃及

Jiānádà F 加拿大　　Xiānggǎng G 香港　　Běijīng H 北京　　Shànghǎi I 上海　　Déguó J 德国

Name	I have been to …	I have not been to …
明明	I	B
小红		
小海		
丽丽		
Mike		

4. Read and match.

①我去过长城。

②她学习过书法。

③他没去过故宫。

④我没看过中国电影。

⑤妈妈每天喝中国茶。

⑥他常常打乒乓球。

a) Tā méi qùguo Gùgōng. ____

b) Māma měitiān hē Zhōngguó chá. ____

c) Tā chángcháng dǎ pīngpāng-qiú. ____

d) Tā xuéxíguo shūfǎ. ____

e) Wǒ méi kànguo Zhōngguó diànyǐng. ____

f) Wǒ qùguo Chángchéng. ①

5. Read and complete the dialogues with the phrases in the box.

1) A：
Nǐ qùguo Gùgōng ma?
你去过故宫吗？

B：
Wǒ qùguo Gùgōng.
我去过故宫。

A：
Nǐ qùguo Chángchéng ma?
你去过长城吗？

B：
Wǒ méi qùguo Chángchéng.
我没去过长城。

去
故宫
长城

2) A：
Nǐ kànguo Zhōngwén shū ma?
你看过中文书吗？

B：
Wǒ kànguo Zhōngwén shū.
我看过中文书。

A：
Nǐ kànguo
你看过_____？

B：
Wǒ méi kànguo
我没看过_____。

看
中文书
法文书

117

3) A: _____

B: _____

A: _____

B: _____

打　乒乓球　网球

6. Fill the blanks with the verbs from the box.

tī	xuéxí	kàn	mǎi	qù	dǎ
A 踢	B 学习	C 看	D 买	E 去	F 打

Bàba guo Běijīng hé Shànghǎi.
1) 爸爸____过北京和上海。

Māma guo Zhōngguó chá.
2) 妈妈____过中国茶。

Gēge guo Zhōngguó diànyǐng.
3) 哥哥____过中国电影。

Jiějie guo shūfǎ.
4) 姐姐____过书法。

Tā méi guo pīngpāngqiú.
5) 他没____过乒乓球。

Wǒ méi guo zúqiú.
6) 我没____过足球。

7. Read aloud and put the sentences into English.

Wǒ méi dǎguo pīngpāngqiú, wǒ jīntiān kāishǐ xuéxí dǎ pīngpāngqiú.
1) 我没打过乒乓球，我今天开始学习打乒乓球。

Gēge xǐhuan dǎ pīngpāngqiú, tā gēn wǒ yìqǐ qù dǎ pīngpāngqiú.
哥哥喜欢打乒乓球，他跟我一起去打乒乓球。

Wǒ de māma jīnnián shǔjià zuò fēijī qùle Běijīng. Māma bú huì shuō
2) 我的妈妈今年暑假坐飞机去了北京。妈妈不会说

Hànyǔ, hěn duō Zhōngguórén huì shuō Yīngyǔ, tā zài Běijīng hěn gāoxìng.
汉语，很多中国人会说英语，她在北京很高兴。

8 . Write characters .

过 一 寸 寸 寸 讨 过

宫 丶 八 宀 宀 宀 宫 宫 宫

城 一 十 土 圫 圫 坊 城 城 城

台 厶 厶 台 台 台

美 丶 丷 丷 半 半 羊 羊 美 美

 9 . Pronunciation practice .

dēng Guànquè Lóu
登 鹳 雀 楼

Bái rì yī shān jìn,
白 日 依 山 尽 ，

Huáng Hé rù hǎi liú.
黄 河 入 海 流 。

Yù qióng qiān lǐ mù,
欲 穷 千 里 目 ，

Gèng shàng yì céng lóu.
更 上 一 层 楼 。

On the Stork Tower
The sun beyond the mountains glows,
the Yellow River seawards flows.
You can enjoy a grander sight,
by climbing to a greater height.

Wǒ shǔjià qù Zhōngguó, wǒ
我暑假去中国，我
xiǎng qù Běijīng hé Guǎngzhōu.
想去北京和广州。

Wǒ jiā zài Guǎngzhōu, Guǎngzhōu bǐ Běijīng
我家在广州，广州比北京
rè de duō, xiàtiān rè de bùdéliǎo.
热得多，夏天热得不得了。

Shǔjià nǐ xiǎng qù nǎr?
暑假你想去哪儿？

Wǒ xiǎng qù Shànghǎi, nǐ ne?
我想去上海，你呢？

Wǒ xiǎng qù Táiwān.
我想去台湾。

Táiwān bǐ Shànghǎi yuǎn de duō.
台湾比上海远得多。

 New Words

dìtú
1. 地图 map

dōngtiān
3. 冬天 winter

fēngjǐng
5. 风景 scenery

jìn
7. 近 near, close

bùdéliǎo
9. 不得了 extreme

xiàtiān
2. 夏天 summer

hǎitān
4. 海滩 beach

yuǎn
6. 远 far

de
8. 得 (a structural particle)

Guǎngzhōu bǐ Běijīng rè de duō.
1.广州比北京热得多。

Xiàtiān rè de bùdéliǎo.
2.夏天热得不得了。

Shǔjià nǐ xiǎng qù nǎr?
4.暑假你想去哪儿？

Wǒ xiǎng qù Běijīng hé Guǎngzhōu.
5.我想去北京和广州。

Wǒmen zài hǎitān sànbù、 kàn fēngjǐng.
6.我们在海滩散步、看风景。

 1．Read aloud．

Shǔjià wǒ xiǎng qù Fǎguó, nǐ ne?
1）A：暑假我想去法国，你呢？

Wǒ xiǎng qù Zhōngguó.
B：我想去中国。

Zhōngguó bǐ Fǎguó yuǎn de duō.
A：中国比法国远得多。

Nǐ qùguo Zhōngguó ma?
B：你去过中国吗？

Wǒ qùguo Běijīng hé Guǎngzhōu, Běijīng dà de bùdéliǎo.
A：我去过北京和广州，北京大得不得了。

Guǎngzhōu dà bú dà?
B：广州大不大？

Guǎngzhōu bú tài dà, Guǎngzhōu xiàtiān rè de bùdéliǎo.
A：广州不太大，广州夏天热得不得了。

2)　　　　hé gēge jīnnián xiàtiān yào qù Zhōngguó. Tāmen xiǎng qù Běijīng hé
　　Mary和哥哥今年夏天要去中国。他们想 去北京和

　　Táiwān, Běijīng hé Táiwān dōu yǒu piàoliang de fēngjǐng. Jiějie yào qù Fǎguó.
　　台湾，北京和台湾都有漂亮的风景。姐姐要去法国。

　　Tā gēn péngyou yìqǐ qù hǎitān. Fǎguó bǐ Zhōngguó jìn de duō. Shǔjià kuàiyào
　　她跟朋友一起去海滩。法国比中国近得多。暑假快要

　　kāishǐ le, 　　　　hé gēge, jiějie dōu gāoxìng de bùdéliǎo.
　　开始了，Mary 和哥哥、姐姐都高兴得不得了。

台湾日月潭

2 . Number the phrases you hear according to the tape .

①

3. True or false.

1) Xiaohong is swimming in the sea. (×)
2) Tom is in the Beijing Hotel which is not far from Tian'anmen Square. ( )
3) There are many people in the train station. ( )
4) Xiaohai is going to Shanghai by plane. ( )
5) Mike is in a beautiful city in France. ( )

4. Read and match.

1. Gēge bǐ dìdi gāo de duō.

2. Qìchēzhàn bǐ huǒchēzhàn jìn de duō.

3. Chángchéng bǐ Gùgōng yuǎn de duō.

4. Jīntiān bǐ zuótiān lěng de duō.

5. Kètīng bǐ wòshì dà de duō.

6. Xiàtiān bǐ chūntiān rè de duō.

a) 长城比故宫远得多。

b) 汽车站比火车站近得多。

c) 哥哥比弟弟高得多。

d) 客厅比卧室大得多。

e) 夏天比春天热得多。

f) 今天比昨天冷得多。

5. Read the dialogues and make similar dialogues with the words in the box.

1) A: Qǐngwèn, huǒchēzhàn yuǎn bù yuǎn?
请问，火车站远不远？

B: Huǒchēzhàn bù yuǎn.
火车站不远。

A: Fēijīchǎng yuǎn bù yuǎn?
飞机场远不远？

B： Fēijīchǎng hěn yuǎn, fēijīchǎng
飞机场 很远， 飞机场
bǐ huǒchēzhàn yuǎn de duō.
比火车站远得多。

饭店 商店
电影院 剧院
体育馆 图书馆

2) A： Jīntiān de zuòyè nán bù nán?
今天的作业难不难？

B： Jīntiān de zuòyè nán de bùdéliǎo.
今天的作业难得不得了。

A： Zuótiān de zuòyè nán bù nán?
昨天的作业难不难？

B： Zuótiān de zuòyè bú tài nán.
昨天的作业不太难。

天气 体育节目 考试
冷 好 容易

6. Complete the sentences with the words from the box.

duō nán rè hǎo guì yuǎn
A 多 B 难 C 热 D 好 E 贵 F 远

1) Fēijīchǎng de bùdéliǎo.
飞机场 _____ 得不得了。

2) Túshūguǎn de shū de bùdéliǎo.
图书馆的书 _____ 得不得了。

3) Tāmen de biǎoyǎn de bùdéliǎo.
他们的表演 _____ 得不得了。

4) Jīntiān de zuòyè bǐ zuótiān de zuòyè de duō.
今天的作业比昨天的作业 _____ 得多。

5) Jīntiān bǐ zuótiān de duō.
今天比昨天 _____ 得多。

6) Zhè jiàn yīfu bǐ nà jiàn yīfu de duō.
这件衣服比那件衣服 _____ 得多。

7. Translation.

1) Wǒ hé péngyou xiàtiān qùle hǎitān, hǎitān de fēngjǐng hěn piàoliang.
   我和朋友夏天去了海滩，海滩的风景很漂亮。

   Wǒmen zài hǎitān sànbù、kàn fēngjǐng.
   我们在海滩散步、看风景。

2) Běijīng de dōngtiān lěng de bùdéliǎo, Běijīng de chūntiān chángcháng
   北京的冬天冷得不得了，北京的春天常常

   yǒu fēng. Běijīng de qiūtiān bǐ chūn tiān hǎo de duō, qiūtiān shì Běi-
   有风。北京的秋天比春天好得多，秋天是北

   jīng zuì hǎo de jìjié.
   京最好的季节。

8. Write characters.

夏	一	一	厂	百	百	百	百	夏	夏	夏
海	丶	冫	氵	汐	汇	汝	海	海	海	海
远	一	二	千	元	元	远	远			
近	一	厂	斤	斤	近	近	近			
得	丿	彳	彳	彳	行	得	得	得	得	
	得									

Wǒ qù shāngdiàn mǎi yuèbing,
我去商店买月饼，
nǐ qù shāngdiàn bú qù?
你去商店不去？

Wǒ gēn nǐ yìqǐ qù ba.
我跟你一起去吧。

 New Words

1. Zhōngqiū Jié
中秋节 the Mid-Autumn Festival

2. yuèbing
月饼 moon cake

3. yuèliang
月亮 moon

4. Duānwǔ Jié
端午节 the Dragon Boat Festival

5. zòngzi
粽子 rice dumplings

6. lóng zhōu
龙舟 dragon boat

7. chúle
除了 besides

8. hǎochī
好吃 delicious

126

Sentence Patterns

Nǐ chī yuèbing bù chī?
1. 你吃月饼不吃？

Nǐ bù chī yuèbing ma?
2. 你不吃月饼吗？

Zhōngqiū Jié Zhōngguórén chúle chī yuèbing, hái chī shuǐguǒ.
3. 中秋节中国人除了吃月饼，还吃水果。

Duānwǔ Jié Zhōngguórén yào chī zòngzi.
4. 端午节中国人要吃粽子。

Nǐ chúle xuéxí Hànyǔ, hái xuéxí shénme?
5. 你除了学习汉语，还学习什么？

1. Read aloud.

Wǒ qù shāngdiàn mǎi yuèbing, nǐ qù shāngdiàn bú qù?
1) A：我去商店买月饼，你去商店不去？

Wǒ gēn nǐ yìqǐ qù ba.
B：我跟你一起去吧。

Wǒmen chúle mǎi yuèbing, hái mǎi shénme?
A：我们除了买月饼，还买什么？

Hái mǎi shuǐguǒ hé diǎnxin.
B：还买水果和点心。

Wǒmen bù mǎi chá ma?
A：我们不买茶吗？

Mǎi ba, Xiǎohóng de péngyou xǐhuan hē chá.
B：买吧，小红的朋友喜欢喝茶。

Zhōngguó yǒu Zhōngqiū Jié hé Duānwǔ Jié. Zhōngqiū Jié Zhōngguórén yào chī yuèbing, kàn
2) 中国有中秋节和端午节。中秋节中国人要吃月饼，看

yuèliang. Yuèbing hěn hǎochī. Zhōngqiū Jié de yuèliang hěn dà、 hěn piàoliang. Duānwǔ Jié
月亮。月饼很好吃。中秋节的月亮很大、很漂亮。端午节

Zhōngguórén yào chī zòngzi, chúle chī zòngzi, hái kàn lóngzhōu bǐsài.
中国人要吃粽子，除了吃粽子，还看龙舟比赛。

2. Number the pictures according to the tape.

 3.Listen to the tape and tell true ✓ or false ✗.

1) Xiaohong is going to buy some moon cakes. (✓)

2) Mum would like to drink a cup of tea. (   )

3) Xiaohai likes watching TV. (   )

4) Mike will go to a gym on Saturday. (   )

5) Lili would not like to eat moon cakes. (   )

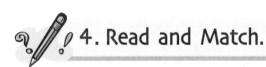 **4. Read and Match.**

Wǒ chúle xuéxí Hànyǔ,
1. 我除了学习汉语，

hái kàn lóngzhōu.
a) 还看龙舟。

Zhōngqiū Jié chúle chī yuèbing,
2. 中秋节除了吃月饼，

hái mǎi kāfēi.
b) 还买咖啡。

Duānwǔ Jié chúle chī zòngzi,
3. 端午节除了吃粽子，

hái xuéxí Fǎyǔ.
c) 还学习法语。

Māma chúle mǎi chá,
4. 妈妈除了买茶，

hái dǎ yǔmáoqiú.
d) 还打羽毛球。

Gēge chúle dǎ wǎngqiú,
5. 哥哥除了打网球，

hái kàn yuèliang.
e) 还看月亮。

5. Complete the dialogues according to the pictures below.

Zhōngqiū Jié nǐmen chúle chī
中秋节你们除了吃
yuèbing, hái chī shénme?
月饼,还吃什么?

Wǒmen chúle chī yuèbing,
我们除了吃月饼,
hái chī shuǐguǒ.
还吃水果。

Xīngqīliù nǐ chúle qù
星期六你除了去
……, hái qù nǎr?
……, 还去哪儿?

Wǒ chúle qù……,
我除了去……,
hái qù……
还去……

Nǐ chúle kàn……,
你除了看……,
hái kàn shénme?
还看什么?

Wǒ……
我……

Nǐ chúle xuéxí……,
你除了学习……,
hái……?
还……?

……

129

6. Match the Chinese with the English.

1) Would you like to eat a moon cake?

2) Would you like to buy a newspaper?

3) Would you like to go to the library?

4) Would you like to play tennis?

5) Would you like to have a cup of tea?

6) Would you like to see the dragon boats?

Nǐ mǎi bù mǎi bào?
a) 你买不买报?

Nǐ chī yuèbing bù chī?
b) 你吃月饼不吃?

Nǐ hē chá bù hē?
c) 你喝茶不喝?

Nǐ qù túshūguǎn bú qù?
d) 你去图书馆不去?

Nǐ kàn lóngzhōu bú kàn?
e) 你看龙舟不看?

Nǐ dǎ wǎngqiú bù dǎ?
f) 你打网球不打?

 7. Translation.

1)
Wǒ de péngyou Xiǎohóng shì Zhōngguórén, jīntiān Zhōngqiū Jié, wǒ qù tā jiā.
我的朋友小红是中国人, 今天中秋节, 我去她家。

Wǒ zài tā jiā chī yuèbing, kàn yuèliang, yuèbing hǎochī jí le, Zhōngqiū Jié
我在她家吃月饼, 看月亮, 月饼好吃极了, 中秋节

de yuèliang yě piàoliang jí le.
的月亮也漂亮极了。

2)
Jīntiān shì Duānwǔ Jié. Yīnwèi Duānwǔ Jié yǒu lóngzhōu bǐsài, suǒyǐ wǒmen
今天是端午节。因为端午节有龙舟比赛, 所以我们

xǐhuan Duānwǔ Jié. Wǒmen chúle chī zòngzi, hái kàn lóngzhōu bǐsài, měi
喜欢端午节。我们除了吃粽子, 还看龙舟比赛, 每

ge rén dōu gāoxìng de bùdéliǎo.
个人都高兴得不得了。

秋 | 丿 | 二 | 千 | 禾 | 禾 | 禾 | 利 | 利 | 秋 |
午 | 丿 | 二 | 左 | 午 |
龙 | 一 | ナ | 尤 | 尤 | 龙 |
饼 | 丿 | 饣 | 饣 | 饣 | 饣 | 饼 | 饼 | 饼 |
除 | 了 | 阝 | 阝 | 阶 | 除 | 除 | 除 | 除 |

lóngzhōu bǐsài
龙舟比赛

单元小结

1.某人＋动词＋过＋宾语＋吗？	例句：你爸爸去过故宫吗？ 你学习过书法吗？ 妈妈看过中国电影吗？
2.某人＋动词＋过＋宾语	例句：他去过北京。 我学习过书法。 妈妈看过中国电影。
3.某人＋没(有)＋动词＋过＋宾语	例句：他没有去过长城。 我没去过广州。 爸爸没看过中国电影。
4.A比B＋形容词＋得多	例句：广州比北京热得多。 飞机场比火车站远得多。 哥哥比弟弟高得多。
5.主语＋形容词＋得＋不得了	例句：夏天热得不得了。 法语作业难得不得了。 飞机场远得不得了。
6.某人＋动词＋宾语＋不＋动词重？	例句：你吃月饼不吃？ 你去商店不去？ 妈妈喝茶不喝？
7.某人＋不＋动词＋宾语＋吗？	例句：你不吃月饼吗？ 姐姐不打乒乓球吗？ 他不看电影吗？
8.主语＋除了＋动词词组₁，还＋动词词组₂	例句：我们除了吃月饼，还吃水果。 端午节除了吃粽子，还看龙舟。 弟弟除了学习汉语，还学习法语。

词 语 表

词语	拼音	英文	课数
A			
埃及	Āijí	Egypt	22
B			
白（色）	bái (sè)	white	16
比	bǐ	than	2
比赛	bǐsài	match, competition	19
表演	biǎoyǎn	performance, to perform	17
病	bìng	to be ill	15
不得了	bùdéliǎo	extreme	23
C			
草地	cǎodì	lawn, grassland	14
常常	chángcháng	often	13
长城	Chángchéng	the Great Wall	22
唱片	chàngpiàn	record; vinyl (disc)	17
除了	chúle	besides	24
穿	chuān	to wear, to put on	16
床	chuáng	bed	4
春天	chūntiān	spring	13
D			
德国	Déguó	Germany	22
德语	Déyǔ	German	10
得	de	(a structural particle)	23
灯	dēng	lamp	4
地方	dìfang	place	1
地理	dìlǐ	geography	10
地铁	dìtiě	underground	21
地图	dìtú	map	23
弟弟	dìdi	younger brother	3
点心	diǎnxin	light refreshments, pastries	7
订票	dìng piào	to reserve ticket	18
东边	dōngbian	east	5
东西	dōngxi	thing	7
冬天	dōngtiān	winter	23
都	dōu	all	18
肚子	dùzi	stomach	15
端午节	Duānwǔ Jié	the Dragon Boat Festival	24
对面	duìmiàn	opposite	5
多	duō	many	1
多	duō	how (old, high, etc.)	2
多少	duōshao	how many, how much	8
F			
法国	Fǎguó	France	20
法语	Fǎyǔ	French	2

饭	fàn	meal, dinner	3
饭厅	fàntīng	dining room	5
分	fēn	cent (unit of 1/100 yuan)	8
风	fēng	wind	13
风景	fēngjǐng	scenery	23

G

干净	gānjìng	clean	6
感冒	gǎnmào	to catch cold	15
高	gāo	high, tall	2
高兴	gāoxìng	happy, glad	17
跟	gēn	with	9
公园	gōngyuán	park	14
故宫	Gùgōng	the Imperial Palace	22
广告	guǎnggào	advertisement	21
贵	guì	expensive	9
国际	guójì	international	20
过	guò	(aspectual partical)	22

H

还	hái	also, else	7
孩子	háizi	child	14
海滩	hǎitān	beach	23
汉语	Hànyǔ	Chinese	2
好	hǎo	okay, all right	19
好吃	hǎochī	delicious	24
和	hé	and	7
红	hóng	red	15
红（色）	hóng (sè)	red	16
湖边	hú biān	lakeside	14
花	huā	flower	6
花园	huāyuán	garden	6
欢迎	huānyíng	to welcome	1
回	huí	to return	18

J

鸡	jī	chicken	8
极	jí	extremely	20
季节	jìjié	season	13
家具	jiājù	furniture	6
件	jiàn	(a measure word)	9
教育	jiàoyù	education	19
斤	jīn	unit of weight(= 1/2 kilogram)	7
今年	jīnnián	this year	20
近	jìn	near, close	23
京剧	jīngjù	Beijing Opera	17
剧院	jùyuàn	theatre	17

K

开始	kāishǐ	to begin, to start	3

考试	kǎoshì	examination	11
科目	kēmù	subject	11
客厅	kètīng	living room	4
裤子	kùzi	trousers	16
块（元）	kuài (yuán)	yuan	8
快要	kuàiyào	to be about to; to be going to	18

L

来	lái	to come	12
蓝（色）	lán (sè)	blue	16
老年	lǎonián	old people, older generation	17
里	lǐ	in/at/inside/on	4
历史	lìshǐ	history	10
了	le	(aspectual particle)	10
零	líng	zero	8
流行	liúxíng	popular	16
龙舟	lóngzhōu	dragon boat	24
伦敦	Lúndūn	London	22

M

买	mǎi	to buy	7
毛（角）	máo (jiǎo)	ten cents (unit of 1/10 yuan)	8
没(有)	méi (yǒu)	have not	21
每天	měitiān	every day	3
妹妹	mèimei	younger sister	3
门	mén	door	5
名字	míngzi	name	1
明天	míngtiān	tomorrow	10

N

奶奶	nǎinai	grandmother	14
南边	nánbian	south	5
难	nán	difficult	11
你们	nǐmen	you	1
你们的	nǐmen de	your, yours	6
年轻人	niánqīngrén	young people, younger generation	17

O

欧洲	Ōuzhōu	Europe	20

P

跑	pǎo	to run	14
朋友	péngyou	friend	1
便宜	piányi	cheap	9
票	piào	ticket	17
漂亮	piàoliang	beautiful	6
乒乓球	pīngpāngqiú	table tennis	12
瓶	píng	a bottle of	7

Q

起床	qǐchuáng	to get up	3

钱	qián	money	8
晴天	qíngtiān	clear day	13
秋天	qiūtiān	fall, autumn	13

R

容易	róngyì	easy	11

S

散步	sànbù	to take a walk	14
沙发	shāfā	sofa	4
上	shàng	on	4
上（课）	shàng (kè)	go to (class)	10
谁	shéi	who	1
时候	shíhou	time	19
时间表	shíjiānbiǎo	timetable, schedule	3
市中心	shìzhōngxin	city centre	21
收音机	shōuyīnjī	radio	21
手表	shǒubiǎo	watch	21
手机	shǒujī	mobile phone	21
书	shū	book	4
书法	shūfǎ	calligraphy	12
书架	shūjià	bookshelf	4
书桌	shūzhuō	desk	6
舒服	shūfu	to be well	15
暑假	shǔjià	summer holidays	22
数学	shùxué	mathematics	10
水	shuǐ	water	7
睡觉	shuìjiào	to sleep	3
说	shuō	to speak	2
所以	suǒyǐ	so, therefore	20

T

他们	tāmen	they	1
他们的	tāmen de	their, theirs	20
她	tā	she, her	2
台湾	Táiwān	Taiwan	22
太极拳	tàijíquán	Taiji	14
疼	téng	ache, pain	15
踢	tī	to play (football), to kick	12
天气	tiānqì	weather	19
听	tīng	to listen	18
头	tóu	head	15

W

晚上	wǎnshang	evening	3
卫生间	wèishēngjiān	toilet	5
卧室	wòshì	bedroom	5

X

夏天	xiàtiān	summer	23

鞋	xié	shoes	16
谢谢	xièxie	to thank	2
新	xīn	new	16
新闻	xīnwén	news	19
姓	xìng	to be surnamed	1
休息	xiūxi	a break; to have a rest	18
学习	xuéxí	to study, to learn	12

Y

亚洲	Yàzhōu	Asia	20
颜色	yánsè	colour	16
眼睛	yǎnjing	eye	15
要	yào	to want to	7
爷爷	yéye	grandfather	14
衣服	yīfu	clothes	9
一共	yígòng	altogether	8
一样	yíyàng	same	9
一点儿	yìdiǎnr	a little	9
一起	yìqǐ	together	19
椅子	yǐzi	chair	4
艺术	yìshù	art	2
因为	yīnwèi	because	20
音乐会	yīnyuèhuì	concert	18
英语	Yīngyǔ	English	2
有名	yǒumíng	famous	20
有意思	yǒuyìsi	interesting	11
羽毛球	yǔmáoqiú	badminton	12
雨	yǔ	rain	13
预报	yùbào	forecast	19
远	yuǎn	far	23
月饼	yuèbing	moon cake	24
月亮	yuèliang	moon	24
越来越	yuèláiyuè	more and more	16

Z

真	zhēn	really	6
整齐	zhěngqí	tidy, neat	6
中秋节	Zhōngqiū Jié	the Mid-Autumn Festival	24
中心	zhōngxīn	centre	21
中学	zhōngxué	secondary school	11
猪肉	zhūròu	pork	8
桌子	zhuōzi	table	4
自行车	zìxíngchē	bicycle	9
粽子	zòngzi	dumplings	24
足球	zúqiú	football	12
最	zuì	the most	13
作业	zuòyè	exercise, homework	11

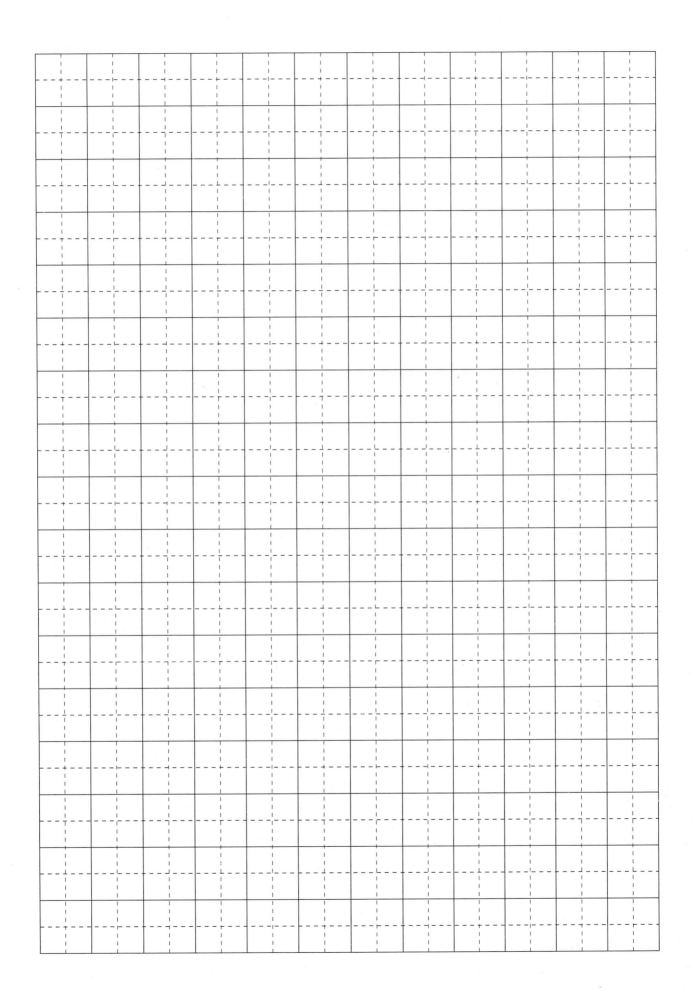